对外汉语本科系列教材

语言技能类(一年级)

MW01103744

汉语口语教程

戴悉心　王静　编著

雷菊霞　翻译

北京语言大学出版社
BEIJING LANGUAGE AND CULTURE
UNIVERSITY PRESS

图书在版编目（CIP）数据

汉语口语教程/戴悉心，王静编著．
－北京：北京语言大学出版社，2001（2015.12重印）
ISBN 978－7－5619－0954－6

Ⅰ．汉…
Ⅱ．①戴…　②王…
Ⅲ．汉语－口语－对外汉语教学－教材
Ⅳ．H195.4

中国版本图书馆 CIP 数据核字（2001）第 036591 号

书　　名：	汉语口语教程
责任印制：	汪学发

出版发行　**北京语言大学出版社**

社　　址：	北京市海淀区学院路 15 号　邮政编码 100083
网　　址：	www.blcup.com
电　　话：	发行部　82303650 /3591 /3651
	编辑部　82303647
	读者服务部　82303653
	网上订购电话　82303908
	客户服务信箱　service@blcup.com
印　　刷：	保定市中画美凯印刷有限公司
经　　销：	全国新华书店

版　　次：	2001 年 7 月第 1 版　2015 年 12 月第 15 次印刷
开　　本：	787 毫米×1092 毫米　1 /16　印张：10.5
字　　数：	125 千字
书　　号：	ISBN 978－7－5619－0954－6 / H·01057
定　　价：	30.00 元

凡有印装质量问题，本社负责调换。电话：82303590

序

李　杨

　　教材是教育思想和教学原则、要求、方法的物化,是教师将知识传授给学生,培养学生能力的重要中介物。它不仅是学生学习的依据,也体现了对教师进行教学工作的基本规范。一部优秀的教材往往凝结着几代人的教学经验及理论探索。认真编写教材,不断创新,一直是我们北京语言大学的一项重点工作。对外汉语本科教育,从1975年在北京语言学院(北京语言大学的前身)试办现代汉语专业(今汉语言专业)算起,走过了二十多年行程。如今教学规模扩大,课程设置、学科建设都有了明显发展。在总体设计下,编一套包括四个年级几十门课程的系列教材的条件业已成熟。进入90年代,我们开始了这套教材的基本建设。

　　北京语言大学留学生本科教育,分为汉语言专业(包括该专业的经贸方向)和中国语言文化专业。教学总目标是培养留学生熟练运用汉语的能力,具备扎实的汉语基础知识、一定的专业理论与基本的中国人文知识,造就熟悉中国国情文化背景的应用型汉语人才。为了实现这个目标,学生从汉语零起点开始到大学毕业,要经过四年八个学期近3000学时的学习,要修几十门课程。这些课程大体上分为语言课,即汉语言技能(语言能力、语言交际能力)课、汉语言知识课,以及其他中国人文知识课(另外适当开设体育课、计算机课、第二外语课)。为留学生开设的汉语课属于第二语言教学性质,它在整个课程体系中处于核心地位。教学经验证明,专项技能训练容易使某个方面的能力迅速得到强化;而由于语言运用的多样性、综合性的要求,必须进行综合性的训练才能培养具有实际意义的语言能力。因此在语言技能课中,我们走的是综合课与专项技能课相结合的路子。作为必修课的综合课从一年级开到四年级。专项技能课每学年均分别开设,并注意衔接和加深。同时,根据汉语基本要素及应用规律,系统开设汉语言本体理论知识课程。根据中国其他人文学科如政治、经济、历史、文化、文学、哲学等基础知识,从基本要求出发,逐步开设文化理论知识课程。专业及专业方向从三年级开始划分。其课程体系大致是:

一年级

　　　汉 语 综 合 课:初级汉语
　　　汉语专项技能课:听力课、读写课、口语课、视听课、写作课

二年级

汉 语 综 合 课：中级汉语

汉语专项技能课：听力口语、阅读、写作、翻译、报刊语言基础、新闻听
力

汉 语 知 识 课：现代汉语语音、汉字

文 化 知 识 课：中国地理、中国近现代史

三年级

汉 语 综 合 课：高级汉语（汉语言专业）

中国社会概览（中国语言文化专业）

汉语专项技能课：高级口语、写作、翻译、报刊阅读、古代汉语；经贸口
语、经贸写作（经贸方向）

汉 语 知 识 课：现代汉语词汇

文 化 知 识 课：中国文化史、中国哲学史、中国古代史、中国现代文
学史；中国国情、中国民俗、中国艺术史（中国语言文
化专业）；当代中国经济（经贸方向）

四年级

汉 语 综 合 课：高级汉语（汉语言专业）

中国社会概览（中国语言文化专业）

汉语专项技能课：当代中国话题、汉语古籍选读、翻译；
高级商贸口语（经贸方向）

汉 语 知 识 课：现代汉语语法、修辞

文 化 知 识 课：中国古代文学史；中国对外经济贸易、中国涉外经济
法规（经贸方向）；儒道佛研究、中国戏曲、中国古代
小说史、中外文化交流（中国语言文化专业）

这套总数为50余部的系列教材完全是为上述课程设置而配备的,除两部高
级汉语教材是由原教材修订并入本系列外,绝大部分都是新编写的。

这是一套跨世纪的新教材,它的真正价值属于21世纪。其特点是:

1. 系统性强。对外汉语本科专业、年级、课程、教材之间是一个具有严密科
学性的系统,如图(见下页):

整套教材是在系统教学设计的指导下完成的,每部教材都有其准确的定性
与定位。除了学院和系总体设计之外,为子系统目标的实现,一年级的汉语教
科书(10部)和二、三、四年级的中国文化教科书(18部)均设有专门的专家编委
会,负责制定本系列教材的编写原则、方法,并为每一部教材的质量负责。

2. 有新意。一部教材是否有新意、有突破,关键在于它对本学科理论和本
课程教学有无深入的甚至是独到的见解。这次编写的整套教材,对几个大的子

系列和每一部教材都进行了反复论证。从教学实际出发,对原有教材的优点和缺点从理论上进行总结分析,根据国内外语言学、语言教学和语言习得理论以及中国文化诸学科研究的新成果,提出新思路,制定新框架。这样就使每一个子系列内部的所有编写者在知识与能力、语言与文化、实用性与学术性等主要问题上取得共识。重新编写的几十部教材,均有所进步,其中不少已成为具有换代意义的新教材。

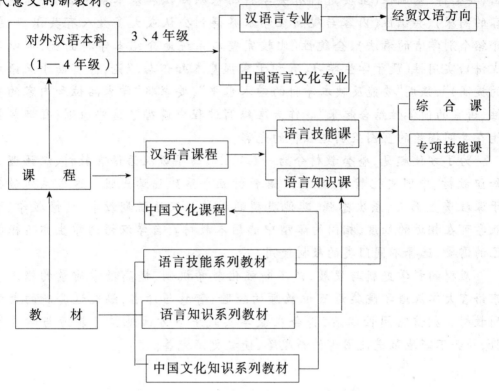

3.有明确的量化标准。在这套教材编写前和进行过程中,初、中、高对外汉语教学的语音、词汇、语法、功能、测试大纲及语言技能等级标准陆续编成,如《中高级对外汉语教学等级大纲》(1995年,孙瑞珍等)、《初级对外汉语教学等级大纲》(1997年,杨寄洲等)。一年级全部教材都是在这些大纲的监控下编写的,二、三、四年级汉语教材也都自觉接受大纲的约束,在编写过程中不断以大纲检查所使用的语料是否符合标准,是否在合理的浮动范围内。中国文化教材中的词汇也参照大纲进行控制,语言难度基本上和本年级汉语教材相当,使学生能够在略查辞典的情况下自学。这样就使这套教材在科学性上前进了一步。

4.生动性与学术性相结合。本科留学生是成年人,至少具有高中毕业的文化水平,他们所不懂的仅仅是作为外语的汉语而已。因此教材必须适合成年人的需要并具有相当的文化品位。我们在编写各种汉语教材时,尽可能采用那些能反映当代中国社会和中国人的生活、心态的语料和文章,使学生能够及时了解中国社会生活及其发展变化,学到鲜活的语言。一些入选的经典作品也在编排练习时注意着重学习那些至今依然富有生命力的语言,使教材生动、有趣味、有相对的稳定性。教材的学术性一方面表现为教材内容的准确和编排设计的科学,更重要的是,课程本身应当能够及时反映出本学科的新水平和新进展。这些都成为整套教材编写的基本要求之一。文化类教材,编写之初编委会就提出,要坚持"基础性(主要进行有关学科的基础知识和基本理论教育,不追求内容的高深)、共识性(内容与观点在学术界得到公认或大多数人有共识,一般不介绍个别学者的看法)、全貌性(比较完整与系统地介绍本学科面貌,可以多编少讲)、实用性(便于学生学习,有利于掌握基本知识与理论,并有助于汉语水平的提高)",强调"要能反映本学科的学术水平",要求将"学术品位和内容的基础性、语言的通俗性结合起来"。作者在编写过程中遵循了这些原则,每部教材都能在共同描绘的蓝图里创造独特的光彩。

为了方便起见,整套教材分为一、二、三、四年级汉语语言教材、汉语理论与知识教材、中国文化教材、经贸汉语教材五个系列陆续出版。这套系列教材由于课程覆盖面大,层次感强,其他类型的教学如汉语短期教学、进修教学、预备教学可在相近的程度、相同的课型中选用本教材。自学汉语的学生亦可根据自己的需要,选择不同门类的教材使用。

教材的科学更新与发展,是不断强化教学机制、提高教学质量的根本。北京语言大学汉语学院集近百位教师的经验、智慧与汗水,编就这套新的大型系列教材。相信它问世以后,将会在教学实践中多方面地接受教师与学生的检验,并会不断地融进使用者的新思路,使之更臻完善。

一年级系列教材说明

本套教程是对外汉语系列教材(语言技能类)的一年级部分。是为初学汉语的外国学生编写的。

全套教材包括:

1. 汉语教程(共 3 册)
2. 汉语阅读教程(共 3 册)
3. 汉语听力教程(共 3 册)
4. 汉语口语教程(1 册)

《汉语教程》共分三册,第一册(30 课)每课要求 2 课时(每课时为 50 分钟),第二册(30 课)每课要求 3~4 课时。第三册(共 40 课)每课要求 4~6 课时。

《汉语听力教程》、《汉语阅读教程》每课要求 1 个学时。

《汉语口语教程》每课要求 2 学时。

本套教材的编写原则是:语言实用,内容生动,练习丰富,语法简明。

这套教材的语言材料都是外国人来华学习生活或工作所需要的。教材的情景也都是以外国学生在中国的实际生活而设置的。无论是会话的编写或者是短文的选择,都力求生动活泼,富有情趣。教材中语法项目的出现由易到难,由简到繁,步步加深,循序渐进。语法解释简单明白,易于理解。每种教材都编制了丰富多样的练习,有必做的,也有选做的;有课堂练习,也有课外练习。通过这些练习,学生可以巩固课堂所学,加深记忆,掌握语言知识,提高语言技能。

一、《汉语教程》

《汉语教程》是综合课教材。综合课是整个基础汉语教学的骨干课,它要求通过课堂教学,全面掌握汉语语音、语法和词汇方面的知识,提高学生听说读写的语言技能,培养学生的汉语交际能力。

该课程从教学内容的角度可分为三个阶段:语音阶段、语法阶段和语汇阶段。语音阶段要求老师通过示范、领读、练习等教学手段,让学生掌握汉语的声母、韵母、音节、声调以及轻声、变调等主要的发音技能。同时学会认读和书写一定数量的常用汉字,为能顺利进入第二阶段的语法学习打下较好的语音基础。语法阶段的教学任务是:通过会话课文来学习汉语的基本语法,学生在理解语法的基础上,掌握句子或语段,具备初步会话能力。第三阶段的教学任务是通过生动有趣的短文教学,巩固学生所学的基本语法,扩大词汇量,训练成段表达能力。通过大量的课堂练习,进一步提高语言表达能力和社会交际能力。

综合课的课堂教学要求遵循对外汉语教学的客观规律,注意把语言知识教学与语言技能训练结合起来,把语言知识、语言技能和交际能力的培养结合起来。语言知识的教学过程就是语言技能的训练过程,同时也是交际能力训练过程。因此,课堂教学要把教材的语法、词语和句子置于实际情景中去讲练,这样,才能更好地培养学生的汉语技能和语言交际技能。

二、《汉语听力教程》、《汉语阅读教程》、《汉语口语教程》

《汉语听力教程》、《汉语阅读教程》和《汉语口语教程》是初级汉语教材的重要组成部分,与《汉语教程》配套使用。它们的教学任务是:

(一)复练《汉语教程》学过的语音、汉字、词语和语法。

(二)单独进行所承担的听力、阅读和口语等语言技能训练。

初级阶段的听力课、口语课和阅读课属于单项技能训练课程,是围绕着综合课而设置的。它们的教学内容和练习形式要受到综合课的制约。在正规的语言教学单位,设置单项技能训练课程是完全必要的。

听说读写既是汉语教学的重要目的,又是重要的教学手段。也就是说,学生的听力技能必须通过"听"这一教学手段来获得,阅读能力只有通过"读"来培养,说话的能力必须通过"说"来训练,写作能力也只能靠"写"来提高。听说读写这四项语言技能既相对独立又相互关联,既互相制约又互相促进。初级阶段的主要任务是听说技能的训练,但也不可忽视读写能力的培养。听说读写要全面要求,共同提高。在进行各个单项技能训练时要注意与其他技能的有机结合。例如,听力课主要练习听,同时也要适当与说相结合;阅读课以读为主,同时也要结合说或写。这样做不仅不违背课程教学原则,还会更加有利于课堂教学效率的提高。

初级汉语教材的编写是一项艰巨的系统工程。在教材编写过程中,我们吸收和借鉴了国内一些教材的长处,这是要特别加以说明的。

对这套教材,我们追求的目标是好教、好学、好用。但能不能实现这一目标要靠教学实践来检验。希望使用这套教材的老师和同学们多提意见,以便再版时加以修订。

杨寄洲
1999 年 7 月

前　言

《汉语口语教程》是一年级《汉语教程》(第三册)的配套教材。

全书共二十课,每课由课文、生词、用法说明及练习四部分组成,每课要求2~3课时。

口语课是单项技能训练课,训练目标是培养学生的口语交际能力。这种能力具体表现为:一、遵循汉语口头言语交际的规律进行交际;二、在交际中使用汉语的口头交际语言。

基于对口语课课程性质的这一认识,在编教中我们确定的编教原则是:以话语作为学习的中心,以表达作为训练的目的。

以话语作为学习的中心　学习话语,就是不仅要学习言语活动中的词语、句法结构,而且要学习这些词语与句法结构在言语活动中的交际功能,学习每个话语片断的衔接与连接的方式和规律。本教材以一个留学生和一个中国家庭为中心展开情景会话,这样既容易安排留学生常常接触到的情景和话题,又能使教材体现中国人的交际行为、价值观念、情感表达方式和习惯,从而使教材中人物的言语行为、文化习俗更真实自然。

以表达作为训练的目的　表达的前提是对输入言语信息的理解,表达训练的第一步应该是理解力的训练,所以我们建议首先给学生听课文的机会。在课文内容的编排上,我们总是围绕一两个情景,设计两到三个会话片断,每个会话片断包含四至八个话轮,这样可以使每个会话片断中心突出,集中谈论一个话题,便于学生理解和记忆。表达训练的第二步是问与答,可以是教师问学生答,也可以是学生间互问互答。这样一方面可以提高学生的理解能力,另一方面可以训练他们在理解基础上的会话(即对白)能力。表达训练的第三步是叙述,叙述就是把课文中的会话(对白)转换成独白,用以训练学生成段表达的能力。表达训练的第四步是把学生从课文中的情景引导到现实生活中,促使学生灵活运用课堂所学的语言知识和言语技能,进而培养其言语交际能力。

本教材的"用法说明"包括词语用法和表达法两项。词语用法的解释不求全面,而是根据当课的需要力求实用。表达法则是根据当课的主要功能项目列举常用的表达方式,以供教师和学生选用。

练习全部采用对话形式,要求学生体会每一组对话的语境与交际功能。

在本教材的编写过程中，阎德早教授参加了前期的准备工作，并审核了生词的词性标注与拼音。许多同事热心为我们看稿并提出宝贵意见。在此我们表示诚挚的谢意。

教材疏漏与不妥之处，敬请批评指正。

编者

2000 年 8 月

目　　录

第一课 你认识她吗

1. 你叫什么名字

美国留学生李大伟第一天报到,不知道办公楼在哪儿,路上遇到了中国学生张勇。

大伟:请问,去办公楼怎么走?
张勇:(指着办公楼方向)一直往前走,过了图书馆,马路左边的红楼就是。
大伟:谢谢。
张勇:不客气。正好我也要去办公楼,你就跟我走吧。
　　　他俩一边走一边聊起来。
张勇:你是新来的学生吧?
大伟:对,我昨天刚从美国来,现在要去报到。你也是这儿的学生吗?
张勇:是,我是中文系二年级的学生,我叫张勇。你叫什么名字?
大伟:我叫李大伟。
张勇:李大伟?是你的中国名字?
大伟:对,这是一个中国朋友给我起的。
张勇:你住在美国哪个城市?
大伟:洛杉矶。不过我不是在那儿出生的,我是纽约人。

2. 你认识她吗

中秋节的晚上,学生会组织了一场晚会,张勇被一个正在唱歌的女孩子吸引住了。

张勇:哎,高强,你认识她吗?
高强:你说谁呢?
张勇:就是唱歌的那个女孩儿,她是哪个系的?

高强：外语系的。

张勇：我怎么从来没见过呢？她叫什么名字？

高强：她叫吴小丽，是刚入学的新生，也是北京人。

张勇：她有没有男朋友？

高强：怎么？被她迷住了？听说追她的人可不少。

张勇：我出去一下儿。

高强：节目还没演完呢，你去哪儿呀？

后台。张勇找到了小丽。

张勇：(轻声地)喂，你是吴小丽吗？

小丽：是呀。我以前好像没见过你？

张勇：是，我们是第一次见面。你刚才唱得真好。

小丽：谢谢！你也是外语系的吗？

张勇：不，我是中文系的。

小丽：中文系出才子啊！你们系有个叫张勇的，诗写得挺棒的。

张勇：你怎么知道？

小丽：我读过他在校刊上发表的诗。

张勇：他的诗写得不怎么样，可人不错。

小丽：你认识他吗？

张勇：我们太熟了。

这时传来高强的喊声。

高强：张勇，有人找你。

二、生词

1. 报到		bào dào	register
2. 聊	（动）	liáo	chat
3. 起(名字)	（动）	qǐ (míngzi)	give (a name)
4. 出生	（动）	chūshēng	be born
5. 中秋节	（名）	Zhōngqiū Jié	the Mid-autumn Festival (15th day of the 8th lunar month)
6. 学生会	（名）	xuéshēnghuì	the student association
7. 组织	（动）	zǔzhī	organize
8. 吸引	（动）	xīyǐn	attract
9. 新生	（名）	xīnshēng	new student
10. 迷	（动）	mí	be fascinated by

2

11. 追	（动）	zhuī	chase after(the opposite sex)
12. 才子	（名）	cáizǐ	gifted scholar
13. 诗	（名）	shī	poem
14. 棒	（形）	bàng	excellent
15. 校刊	（名）	xiàokān	college journal
16. 发表	（动）	fābiǎo	publish
17. 熟	（形）	shú	know sb. well

专　名

| 1. 洛杉矶 | Luòshānjī | Los Angeles |
| 2. 纽约 | Niǔyuē | New York |

三、用法说明

？ （一）词语用法

1. **好像**：这里表示说话人对某种情况做出的一种估计，不能肯定。

   as if, as it would be if. It is used here to indicate the speaker's uncertainty of the situation.

   例：

   （1）甲：这个人你见过？

   　　乙：好像见过，记不清了。

   （2）甲：好像要下雨了，快走吧。

   　　乙：别担心，我带着伞（umbrella）呢。

2. **不怎么样**：常用于说话人对某人或某种情况持否定态度时，是"不好"的委婉说法。

   not so good. It's a euphemism for 'bad'. It expresses the speaker's negative attitude towards sth.

   例：

   （1）甲：你要小心，这人可不怎么样。

   　　乙：是吗？我怎么没看出来。

   （2）甲：你去过那家饭馆儿？那儿的菜怎么样？

   　　乙：不怎么样。

（二）表达法

1. 自我介绍 the ways to introduce oneself

请允许/让我自我介绍一下：……。

我先自我介绍一下：……。

我姓……。

我叫……。

我是……。

我是……(出生/来中国/中学、大学毕业/开始学习汉语……)的。

2. 请求对方介绍 the ways to ask for others' name

您贵姓？

怎么称呼您？

您是——

您是……先生/女士/老师/经理吗？

请您介绍一下……，可以吗？

你能介绍一下……吗？

3. 向别人介绍第三者或某些情况 to introduce something or somebody to someone else

我来介绍一下：……。

我给你们介绍一下：……。

这位是……。

这是……。

他/她是……。

我们是……。

四、练习

（一）根据课文回答问题：

1. 李大伟去办公楼做什么？

2. 张勇是哪个系的学生？

3. 李大伟是在哪儿出生的？来中国以前住在哪个城市？

4. 张勇为什么想知道吴小丽有没有男朋友？

5. 张勇在校刊上发表过什么？

（二）根据课文内容完成对话：

1. A：_____？

4

B：我叫张勇。

A：_____?

B：是,我是中文系二年级的学生。

2．A：_____?

B：洛杉矶。

A：_____?

B：不是在那儿出生的,我是纽约人。

3．A：_____?

B：认识。

A：_____?

B：不是,他已经上二年级了。

4．A：_____?

B：是,我们是第一次见面。

A：_____?

B：外语系的。

（三）根据所给词语完成对话：

1．A：_____?（报到）

B：九月一号。

2．A：_____?（起）

B：我妈妈。

3．A：昨天的晚会怎么样?

B：_____。（棒）

A：_____?（组织）

B：学生会。

4．A：_____?（熟）

B：没有比我更熟的了。

A：听说他诗写得不错。

B：那当然,_____。（发表）

5．A：_____?（好像）

B：我一点儿印象也没有。

6．A：你刚才去哪儿了?

B：看电影去了。

A：好看吗?

B：故事情节（plot）还可以,可是_____。
（不怎么样）

（四）熟读下列对话，并且说明对话者可能是什么人；对话可能是在哪儿、在什么情况下说的：

1. A：你叫什么名字？

　　B：我叫大卫。你呢？

　　A：我叫约翰。

　　B：你是哪天报到的？

　　A：昨天。

2. A：都几点了？还不起来？

　　B：糟糕。上课要迟到(late)了，你怎么不早点儿叫我呀？

　　A：叫你好几遍，你都不起来。天天睡懒觉(get up late)。

　　B：你就别唠叨了。

3. A：您贵姓？

　　B：免贵姓张。

　　A：张先生是第一次到东南亚旅行吧？

　　B：不，是第二次。上次也是跟你们旅行社(travel agency)去的。

4. A：我好像在哪儿见过您？

　　B：是吗？

　　A：噢，我想起来了，我带学生看过您的画展，他们还找您签过名(sign your autograph)呢。

（五）根据下面的情景做对话练习：

1. 甲参加乙的生日晚会，遇见了乙的父母，甲和乙的父母是第一次见面。

　　(1) 乙给甲和父母作介绍

　　(2) 甲和乙的父母互相自我介绍

2. 你向你的同屋介绍一个你刚认识的朋友(姓名、年龄、职业、家庭、爱好等等)

3. 你想找一份工作。你向职业介绍所的工作人员介绍你的情况。

4. 你和爱人正在一家饭馆儿吃饭，正巧一个朋友带女朋友也来了，你邀请他们和你们坐在一桌，并给你爱人作介绍。

第二课　你在这儿生活习惯吗

1. 早上好

一个星期天的早晨,大伟锻炼完身体,在回宿舍的路上碰见了同班同学山田。

大伟:早!
山田:早!跑步去了?
大伟:啊,天气暖和了,出来活动活动。你今天怎么起得这么早啊?
山田:我跟松本约好了,今天一起去天津。
大伟:松本?是那个爱踢足球的松本吗?他的脚不是扭伤了吗?
山田:那是上个月的事了,已经好了。
大伟:是嘛,上次我的腿摔伤了,两个月都没好利索。
山田:现在没事了吧?
大伟:早没事了,不过打那以后我就很少踢球了。
山田:我最近一直没怎么锻炼,人都变懒了,趁今天天儿好出去玩儿玩儿。
大伟:天津我还没去过呢,听说坐长途车才两个多小时。
山田:是不太远,你要是没什么事就和我们一起去吧。
大伟:今天恐怕不行,张勇邀请我去他家玩儿,已经跟我说过好几次了。

2. 在中国人家做客

下午,张勇带大伟回到了家。

张勇:妈,有客人来了。
张母:请进,快请进。
张勇:大伟,这就是我妈。(对妈妈)妈,他就是我常说的大伟。

7

大伟：您好！

张母：你好！

大伟：我不知道该怎么称呼您？

张母：你是张勇的好朋友，就叫我阿姨吧。

大伟：阿姨好！

张母：快请坐。我去给你们沏点儿茶。

大伟：阿姨，您别麻烦了。

张母：这麻烦什么？你在这儿千万不要客气，就像在自己家一样。

　　　　妈妈端来了茶。

大伟：谢谢您。

张母：大伟，听张勇说你是第一次来北京，在这儿生活习惯吗？

大伟：还可以，我这个人适应能力比较强。

张母：你们学习紧张不紧张？

大伟：不太紧张，就是作业比较多。

张母：来北京以后想不想家？

大伟：有点儿想，我每个星期都给家里打电话，还常常发 E – mail。

张母：你家里人都好吧？

　　　　这时，张勇插话了。

张勇：妈，您的问题怎么那么多呀！

　　　　张母和大伟都笑了。

〰〰〰〰〰 二、生词 〰〰〰〰〰

1. 活动	（动）	huódòng	exercise；move about
2. 约	（动）	yuē	make an appointment
3. 扭	（动）	niǔ	wrench；sprain
4. 伤	（动）	shāng	injure
5. 摔	（动）	shuāi	fall
6. 好利索		hǎo lìsuo	get well
利索	（形）	lìsuo	finished；settled
7. 打	（介）	dǎ	since then
8. 懒	（形）	lǎn	lazy
9. 趁	（介）	chèn	while；during

10. 长途	（名）	chángtú	long-distance
11. 恐怕	（副）	kǒngpà	be afraid；perhaps
12. 邀请	（动）	yāoqǐng	invite
13. 做客		zuò kè	be a guest
14. 称呼	（动）	chēnghu	call
15. 沏	（动）	qī	infuse
16. 端	（动）	duān	hold
17. 适应性	（名）	shìyìngxìng	adaptability
18. 紧张	（形）	jǐnzhāng	tense；busy
19. 插话		chā huà	interpose a remark，etc．

～～～～～ 三、用法说明 ～～～～～

? （一）词语用法

1. 早/早不……了：表示行为、状态在说话前很久就已经发生、出现或存在。

   （not）**already.** It indicates that an action had taken place long before a certain time．

   例：

   (1) 甲：快要考试了,你复习完了吗?

   　　乙：我早复习好了。

   (2) 甲：你好,我找王先生。

   　　乙：对不起,他早不在我们这儿了。

2. 没/不怎么：这里"怎么"可减弱否定的强度,使完全否定成为不完全否定。意思是"不太……"、"没太……"。语气比较婉转。

   not completely. "怎么" can be used to weaken the intensity of negation．

   例：

   (1) 甲：你会骑自行车吗?

   　　乙：刚开始学,还不怎么会。

   试比较：

   　　甲：你会骑自行车吗?

   　　乙：不会。

   (2) 甲：昨天老师讲的语法你都听懂了吗?

   　　乙：还没怎么懂,所以有的练习会做,有的不会。你呢?

   　　甲：我全没懂,所以练习一点儿也不会做。

3. 趁：介词,意思是利用条件或机会。常与名词、形容词、动词结构或小句组成介宾结构,在句中做状语。

(prep.) **take the advantage of** (the condition or chance); **while**. It is used to make up of a **prepositional phrase** with a noun or an adjective and be the modifier in the sentence.

例:

(1) 甲:你去哪儿? 会还没开完呢。

乙:趁休息出去抽根烟。

(2) 甲:来,趁热吃吧,凉了就不好吃了。

乙:你也来一起吃吧。

甲:你们先吃吧,我再准备个汤。

4. 麻烦什么:意思是"不麻烦"。用"……+什么"构成的反问句,有时含有责怪或不满的意思。

A rhetorical question, which means "Don't take the trouble", consists of "verb. + 什么". It sometimes implies blame or dissatisfaction.

例:

(1) 甲:这个行李太重了,我搬不动。

乙:重什么,还不到二十公斤。

(2) 甲:你帮了这么大的忙,真不知道该怎么谢你。

乙:谢什么,我们是老朋友了嘛。

(3) 甲:快点儿呀,来不及了。

乙:你急什么,肯定晚不了。

 （二）表达法

1. 打招呼 the ways to say greeting

您/你早!

您/你好!

您忙呢?

回来了?

上班去?

出去呀?

2. 问候 the phrases used to to greet

最近怎么样?

最近忙什么呢?

身体挺好吧?

学习紧张吗?

10

工作忙不忙?

你家里人都好吧?

好久不见了,你一切都好吧?

3. 请对方转达自己对他人的问候 please remember me to sb.

请替/代我问候你父母/你爱人/你的老师。

请替/代我问你父母/你爱人/你的老师好。

如果见到王经理/张老师/以前的同学,替/代我问候他/他们。

∽∽∽∽∽ 四、练习 ∽∽∽∽∽

(一)根据课文回答问题:

1. 山田今天要去哪儿?

2. 松本喜欢做什么?

3. 松本的脚怎么了? 现在怎么样了?

4. 大伟的腿是怎么摔伤的?

5. 大伟今天为什么不能去天津?

6. 大伟怎样称呼张勇的妈妈?

7. 大伟常给谁发 E－mail?

(二)根据课文内容完成对话:

1. A: ＿＿＿＿＿＿＿＿＿＿＿＿＿＿＿＿?

   B: 我跟松本今天一起去天津。

   A: ＿＿＿＿＿＿＿＿＿＿＿＿＿＿＿＿?

   B: 听说坐长途车才两个多小时。

   A: ＿＿＿＿＿＿＿＿＿＿＿＿＿＿＿。

   B: 今天恐怕不行,改天再说吧。

2. A: 早! 跑步去了?

   B: ＿＿＿＿＿＿＿＿＿＿＿＿＿＿。

   A: 听说你的腿摔伤了,现在没事了吧?

   B: ＿＿＿＿＿＿＿＿＿＿＿＿＿＿。

   A: 怎么摔的?

   B: ＿＿＿＿＿＿＿＿＿＿＿＿＿＿。

3. A: 我好久没看见松本了,他好吗?

   B: ＿＿＿＿＿＿＿＿＿＿＿＿＿＿。

   A: 什么时候扭伤的?

B：_____。

A：现在怎么样了？

B：_____。

4．A：_____？

B：没有。这是第一次。

A：_____？

B：还不太习惯。

5．A：妈，来客人了。

B：_____。

C：阿姨好！

B：_____。

A：快请坐。我去给你沏点儿茶。

B：_____。

（三）根据所给词语完成对话：

1．A：小明，吃完饭以后帮妈收拾(tidy up)一下儿房间。

B：今天不行。_____。（约）

2．A：这个周末有活动吗？

B：_____。（邀请）

3．A：赶快上床躺着吧，_____。（好利索）

B：妈，已经没事了，我想出去活动活动。

4．A：放假了，你有什么打算没有？

B：_____。（趁）

5．A：你还在旅行社工作吗？

B：_____。（早不……了）

6．A：晚上去看电影怎么样？

B：_____。（恐怕）

7．A：_____。（麻烦）

B：你太客气了。

（四）熟读下列对话，并且说明对话者可能是什么人，对话可能是在哪儿、在什么
　　情况下说的：

1．A：下班了？

B：啊，今天单位事儿多，回来晚了。你也刚回来呀？

A：回来一会儿了，出去买了点儿东西。

2．A：出去啊？

　B：家里没什么菜了,出去买点儿菜。好久没见你了。又出差(go on business)
　　了？

　A：昨天刚从上海回来。

3．A：你干什么呢？

　B：看小说呢。

　A：什么小说？有意思吗？

　B：挺有意思的。

　A：看完以后借我看看,行吗？

　B：行。

4．A：今天怎么来得这么早啊？

　B：怕路上堵车(traffic jam),早出来了一会儿。

　A：听说你儿子病了,好点儿了没有？

　B：就是感冒,已经好多了。

5．A：最近生意(business)怎么样？

　B：多亏您关照(help),最近几笔都做得不错。

　A：出口(export)方面顺利不顺利？

　B：还比较顺利。我这几天就忙这个了。

（五）根据下面的情景做对话练习：

　1．你想去小卖部买东西,在楼梯口遇见了手里拿着网球拍的阿里。

　2．两个五年没见的老朋友在一个晚会上相遇了。

　3．你去一个中国朋友家做客,受到了他们全家的欢迎。

　4．你在路上遇见了你的同学和子和她妈妈,她妈妈刚从日本来看她。你跟
她们打招呼。

第三课　你能吃辣的吗

~~~~~~~~ 一、课文 ~~~~~~~~

1. 你能吃辣的吗

大伟在张勇家吃晚饭,张勇的父母做了很多菜,大伟觉得哪个菜都很好吃。

张母:大伟,你能吃辣的吗?
大伟:少吃一点儿还可以,太辣就受不了了。
张父:来,尝尝这个菜,这是鱼香肉丝。
张勇:大伟,这个菜你一定得吃,我爸做四川菜最拿手了。
大伟:我在饭馆吃过这个菜,还吃过宫爆鸡丁、麻婆豆腐、怪味儿鸡,这些菜都比较辣。
张父:这就是川菜的特点,不光辣,而且麻。
大伟:除了川菜,我还吃过鲁菜和粤菜,是不是每个地方都有自己的特色菜?
张父:差不多吧。不过,我们常说的有四大菜系。
大伟:那北京菜也算一大菜系吧?
张勇:北京菜可数不上。
大伟:为什么没有北京菜呢? 北京烤鸭不是非常有名吗?
张父:烤鸭原来是鲁菜,后来才发展成北京烤鸭的。
大伟:噢,原来是这么回事。

2. 这茶怎么样

吃完饭,大家坐在一起喝茶。

张父:大伟,这茶怎么样?
大伟:很好喝。这是花茶吗?
张父:这不是花茶,是绿茶。我前两天出差从杭州买来的。

张勇：这叫龙井茶，是杭州的特产。

大伟：我听说北方人爱喝花茶，南方人爱喝绿茶，是这样吗？

张父：你说得没错，一般北方人都爱喝花茶。

大伟：我喝过茉莉花茶，挺好喝的。

张母：你在家的时候也常喝茶吗？

大伟：不常喝，有时喝点儿红茶。

张勇：中国也有红茶，还有乌龙茶，有些少数民族还喝奶茶。

大伟：要是有机会，哪种茶我都想喝喝。

3. 说说快餐

大伟跟张勇的家人一边喝茶一边又聊起了快餐。

大伟：我发现北京的快餐店越来越多。

张母：可不是，光我们医院门口就有三家，而且吃的人还不少。

张勇：现在生活节奏快，吃快餐既便宜又节省时间，人当然多了。

张母：西式快餐并不便宜，人们去吃是想换换口味儿。我看去麦当劳、肯德基的大部分是孩子。

大伟：美国孩子也喜欢快餐，我小时候就很喜欢汉堡包、热狗之类的东西。

张父：以前，中国只有西式快餐，我记得第一家肯德基店在前门，我还带小勇去过呢。

张勇：现在不光有西式快餐店，还有很多中式快餐店呢。

张母：我就不喜欢吃快餐，又没营养又不好吃。

张勇：妈，你太不现代了。

二、生词

1. 辣	（形）	là	hot; spicy
2. 受不了		shòu bu liǎo	can't bear
3. 尝	（动）	cháng	taste
4. 四川菜（川菜）		Sìchuāncài(chuāncài)	Sichuan food; Sichuan cuisine
5. 麻	（形）	má	of the special taste of a Chinese pepper
6. 鲁菜		lǔcài	Shandong style of cooking

7. 粤菜		yuècài	Guangdong cuisine
8. 特色菜		tèsècài	unique dish; special
9. 发展	（动）	fāzhǎn	develop
10. 花茶	（名）	huāchá	green tea cured with scented flowers
绿茶		lǜchá	green tea
龙井茶		lóngjǐngchá	Dragon well tea（a famous green tea produced in Hangzhou, Zhejiang Province）
茉莉花茶		mòlìhuāchá	jasmine tea
红茶		hóngchá	black tea
乌龙茶		wūlóngchá	oolong（tea）
奶茶		nǎichá	milk tea
11. 出差		chū chāi	go on official business
12. 特产	（名）	tèchǎn	special local product
13. 少数民族		shǎoshù mínzú	minority
14. 机会	（名）	jīhuì	chance
15. 快餐	（名）	kuàicān	fast food; quick meal
汉堡包		hànbǎobāo	hamburger
热狗		règǒu	hot dog
16. 节奏	（名）	jiézòu	the tempo of life
17. 节省	（动）	jiéshěng	save; spent less
18. 西式	（名）	xīshì	Western-style
19. 口味儿	（名）	kǒuwèir	a person's taste
20. 营养	（名）	yíngyǎng	nutrition

专　名

1.鱼香肉丝	Yúxiāng Ròusī	fish-flavoured shredded pork
2.宫爆鸡丁	Gōngbào Jīdīng	diced chicken with paprika
3.麻婆豆腐	Mápó Dòufu	"Ma Poo" beancurd
4.怪味鸡	Guàiwèijī	spiced chicken
5.麦当劳	Màidāngláo	Mcdonald's
6.肯德基	Kěndéjī	KFC（Kentucky Fried Chicken）

三、用法说明

（一）词语用法

1. **拿手**：形容词，表示对某种技术擅长，或在某方面有特长。注意"拿手"不是动词，不能带宾语（×她拿手做饭）。

   be good at. Here "拿手" is an adjective.

例：

（1）甲：你喜欢什么运动？

　　乙：我什么运动都喜欢，最拿手的是打乒乓球。

（2）甲：他会修录音机吗？

　　乙：放心吧。他修过好多了，很拿手。

2. **不光……而且/还……**：跟"不但……而且/还……"和"不仅……而且/还……"相同。这里"光"是"只"的意思。

   not only...but also. Here "光" means merely.

例：

（1）甲：明天你去参加小王的生日晚会吗？

　　乙：去。不光我自己去，而且还想带个朋友。

（2）甲：听说学校东门外新开了家烤鸭店。

　　乙：没错儿，我昨天刚去过。不光可以在那儿吃，而且还有外卖。

（3）甲：你认识我们系的张教授吗？

　　乙：不光认识，还很熟呢。

3. **数得/不上**：意思是可以/不能计算在某范围之内。

   can be/not be counted. It's a way to indicate the position of someone in a group.

例：

（1）甲：我最不喜欢北京队。

　　乙：为什么？那可是全国数得上的好球队。

　　甲：以前也许是，可现在不行了。

（2）甲：听说你们学校你下棋下得最好，是吗？

　　乙：哪里，下得最好的可数不上我。

（二）表达法

1. 请别人介绍某事物或某情况 to ask someone to introduce somethings

什么是……？

17

您了解……吗？

请你介绍一下儿……，好吗？

……的特点/情况是不是……？

2. 向别人介绍事物 to introduce something to others

……是……中的一种。

……是……之一。

……的特点是……

……，这就是……的特点。

～～～～～ 四、练习 ～～～～～

（一）根据课文回答问题：

1. 张勇的父母做的菜怎么样？
2. 大伟能不能吃辣的菜？
3. 张勇的爸爸做的四川菜叫什么名字？
4. 大伟吃过哪些四川菜？在哪儿吃的？
5. 四川菜的特点是什么？
6. 中国北方人爱喝哪种茶？南方人呢？
7. 中国什么人喜欢喝奶茶？
8. 现在为什么有很多人吃快餐？
9. 在北京哪些西式快餐店受欢迎？

（二）根据课文内容完成对话：

1. A：你尝尝这个菜怎么样？
   B：＿＿＿＿＿＿＿＿＿＿＿＿＿？
   A：鱼香肉丝。你能吃辣的吗？
   B：＿＿＿＿＿＿＿＿＿＿＿＿＿。

2. A：你爸爸做什么菜最拿手？
   B：＿＿＿＿＿＿＿＿＿＿＿＿＿。
   A：上次我们在饭馆儿吃的菜哪几个是四川菜？
   B：＿＿＿＿＿＿＿＿＿＿＿＿＿。

3. A：四大菜系里有没有北京菜？
   B：＿＿＿＿＿＿＿＿＿＿＿＿＿。
   A：北京烤鸭不是很有名吗？
   B：＿＿＿＿＿＿＿＿＿＿＿＿＿。

4．A：_____？

B：很好喝。这是什么茶？

A：_____。

B：我听说北方人爱喝花茶，南方人爱喝绿茶，是这样吗？

A：_____。

5．A：我发现北京的快餐店越来越多。

B：_____。

A：为什么现在吃快餐的人这么多呢？

B：_____。

A：你喜欢中式快餐还是西式快餐？

B：_____。

（三）根据所给词语完成对话：

1．A：_____？（拿手）

B：辣子鸡丁和麻婆豆腐。

2．A：这几天一直没看见你，你去哪儿了？

B：_____。（出差）

A：_____？（特产）

B：龙井茶。

3．A：我看你没怎么吃菜，光喝水了。

B：_____。（受不了）

A：早知道你不能吃辣的，就不点这个菜了。

4．A：今年夏天我去了一趟海南。

B：_____？（发展）

A：太快了。跟以前大不一样了。

B：_____。（机会）

5．A：上海有一个历史博物馆，你听说过没有？

B：_____。（不光……而且……）

（四）熟读下列对话并且说明对话者可能是什么人，对话可能是在哪儿、在什么情况下说的：

1．A：请问，你们这儿有什么特色菜？

B：油焖大虾、清蒸鲩鱼。

A：有没有水煮肉片儿？

B：有，就是比较辣。

19

2．A：晚上吃什么呀？

　　B：家里没什么东西了，做点儿简单的吧。

　　A：那咱们就到外边吃好了。

3．A：喂，是丽芳吗？

　　B：我是。你是小红吧？

　　A：你怎么知道是我？

　　B：同学这么多年，我一听就听出来了。

　　A：丽芳，周末有空儿吗？一块儿聚聚（get together）怎么样？

　　B：行啊。去哪儿？

　　A：就去"春来茶馆"吧。

4．A：我最爱吃肯德基了。

　　B：那我天天请你吃。

　　A：结婚以后呢？

　　B：我怕你等不到那一天就吃腻（be tired of）了。

5．A：我吃饱了。您做的菜太好吃了。

　　B：别客气，再多吃一点儿。

　　A：今天给您添了不少麻烦。

　　B：哪里。以后欢迎你常来玩儿。

（五）根据下面的情景做对话练习：

　　1．你在一家四川饭馆请朋友吃饭，给他/她报菜名及介绍四川菜的特点。

　　2．一个中国人和一个外国人正在一家茶馆里喝茶，他们一边喝一边谈论着和茶有关系的话题。请你和你的同学扮演这两个角色。

　　3．周末，你请朋友来家里吃饭。饭桌上，你给他们介绍你做的菜。

　　4．有的人认为吃快餐既省时间又方便，也有的人认为吃快餐不但没营养也不好吃，你的看法呢？

第四课 你的理想职业是什么

～～～～～一、课文 ～～～～～

1. 你的理想职业是什么

大伟的老师给大伟他们布置的作业是搞一次社会调查,然后写一篇报告。这下儿,大伟可有点儿为难了。

大伟:小丽,老师让我们搞个社会调查,我感到有点儿为难,能不能帮我出出主意?

小丽:调查什么呀?

大伟:调查当代中国大学生的求职观。

小丽:这有什么难的?

大伟:可我找谁调查呢?

小丽:你要找的人近在眼前啊。

大伟:(一拍脑袋)哎呀,我怎么没想到呢?小丽,你就做我的第一个调查对象吧?

小丽:你想调查什么,请开始吧。

大伟:请问,你的理想职业是什么?

小丽:我学的专业是英语,毕业以后想当一名翻译。

大伟:你想在研究单位工作还是想进公司?

小丽:在研究单位工作太单调,我想去外贸公司工作。

大伟:你选择职业的标准是什么?

小丽:有挑战性,待遇高,还要有好的工作环境。

大伟:这样的工作好找吗?

小丽:这个问题我还没有想过呢。

2. 去"春来茶馆"怎么走

大伟正在房间里看书,外面传来了敲门声。

大伟：请进。

山田：大伟,是我。我想问你一下儿,你知道不知道"春来茶馆"在哪儿?

大伟：在前门,我去过一次,挺不错的。

山田：听说里边有京剧表演。

大伟：对,我上次就是为看京剧表演才去"春来茶馆"的。

山田：听得懂吗?

大伟：现在当然还听不懂,不过看得懂。演员的服装非常漂亮。

山田：从这儿到前门大概要多长时间?

大伟：你怎么去呢?

山田：我打算先坐出租车到西直门,然后再换地铁。

大伟：那大概得四十分钟。

3.这张照片是在哪儿照的

山田请大伟、张勇、小丽到他宿舍玩儿,小丽对墙上的照片发生了兴趣。

小丽：山田,这张照片是在哪儿照的?

山田：在我的母校。是我大四的时候和同学们一起照的。

小丽：(指着照片)这是樱花吗?

山田：对,这就是日本的国花——樱花。

小丽：真漂亮!

山田：那天我们几个同学都通过了论文答辩,大家非常高兴,就在樱花下照了这张相。

小丽：这张我看出来了,是在毕业典礼上照的。站在你旁边的那个人是谁?

山田：是我妈妈。她是特意赶来参加我的毕业典礼的。

小丽：你妈妈看起来真年轻。

山田：谢谢。她听了一定非常高兴。

小丽：你有没有兄弟姐妹?

山田：没有,我是独生子。

～～～～～ 二、生词 ～～～～～

1. 布置　　　（动）　　bùzhì　　　　assign
2. 报告　　　（名）　　bàogào　　　report

22

3. 为难	（形）	wéinán	feel difficult; feel awkward
4. 出主意		chū zhǔyi	give an idea
5. 求职观		qiúzhíguān	view of seeking a job
6. 对象	（名）	duìxiàng	object
7. 专业	（名、形）	zhuānyè	special field of study; major; professional
8. 单调	（形）	dāndiào	dull
9. 标准	（名、形）	biāozhǔn	standard
10. 挑战性	（名）	tiǎozhànxìng	challenge
11. 待遇	（名）	dàiyù	treatment
12. 大四		dàsì	senior
13. 樱花	（名）	yīnghuā	oriental cherry
14. 论文	（名）	lùnwén	thesis
15. 答辩	（名）	dábiàn	oral defense
16. 典礼	（名）	diǎnlǐ	ceremony
17. 特意	（副）	tèyì	especially
18. 赶	（动）	gǎn	hurry on
19. 独生子(女)	（名）	dúshēngzǐ(nǚ)	only son(or daughter)

〰〰〰〰〰 **三、用法说明** 〰〰〰〰〰

? （一）词语用法

1. **有什么……的**：表示否定。说话人不同意某种看法时常用，含有不以为然的意味。

   denial/disavowal. It is often used when the speaker doesn't agree with other's opinion, with an intention to indicate disapproval.

   例：

   (1) 甲：他什么都要买最好的，真有钱。

   　　乙：那有什么了不起的，又不是他自己挣的，全是他爸爸给他的。

   (2) 甲：你又去吃烤鸭了？有什么好吃的！

   　　乙：没办法，我就是爱吃。

   (3) 甲：总来麻烦你，真不好意思。

   　　乙：这有什么不好意思的。我们是朋友嘛。

2. **为……才……**："为"表示目的，"才"引出实现上述目的而发生的动作行为。也可以说成"为了……才……"。

for the sake of. Here "为" expresses the aim. "才" introduces the action to achieve the aim.

例:

(1) 甲: 咦,你怎么来这儿了?

　　乙: 我就是为了找你才来的。

(2) 甲: 你别以为她是为学汉语才来中国的。

　　乙: 那她是为什么?

　　甲: 为了陪她丈夫才来中国。

3. 得(děi): 表示对某种情况的估计或揣测,它的否定形式常用"不会"、"不用"。

be possible to. It expresses the speaker's estimate or guess. Its negative form is "unlikely" or "needn't."

例:

(1) 甲: 看来你今天又得迟到了。

　　乙: 不会,还有一刻钟呢,来得及。

(2) 甲: 咱们要是骑车去西山,得一个小时吧?

　　乙: 不用,四十分钟就够了。

 (二)表达法

1. 询问某人的看法、态度 to ask someone's opinion or attitude

您能不能告诉我您的……?

你的……是什么?

2. 询问某些信息 to ask for some information

请问,什么时候/在哪儿/怎么……?

你知道不知道……?

~~~~~~~~~ 四、练习 ~~~~~~~~~

(一)根据课文回答问题:

1. 老师给大伟他们布置的作业是什么?

2. 社会调查的内容是什么?

3. 大伟要小丽帮什么忙?

4. 大伟的第一个调查对象是谁?

5. 小丽的理想职业是什么?

6. 小丽选择职业的标准是什么?

7. "春来茶馆"在哪儿？

8. 去"春来茶馆"只能喝茶吗？

9. 山田打算怎么去"春来茶馆"？

10. 山田还在上大学吗？

（二）根据课文内容完成对话：

1. A：今天老师给我们布置的作业是什么？

   B：_____。

   A：调查什么呀？

   B：_____。

2. A：_____？

   B：当一名记者。

   A：_____？

   B：工作时间比较自由，有挑战性。

3. A：毕业以后你打算做什么？

   B：_____。

   A：你想在研究单位工作还是想进公司？

   B：_____。

   A：_____？

   B：不太好找，我正在联系呢。

4. A：你看过京剧吗？

   B：_____。

   A：_____？

   B：我在"春来茶馆"看的。

5. A：_____？

   B：大概得四十分钟。你怎么去呢？

   A：_____。

6. A：_____？

   B：在我的母校照的。

   A：_____？

   B：是我妈妈。

（三）根据所给词语完成对话：

1. A：_____？（出主意）

B：我也没什么好办法。

2. A：这个房间可真漂亮，_____？（布置）

B：你猜猜？

A：那一定是你太太。

3. A：_____？（为难）

B：明天就要交作文（composition）了，可我还不知道写什么好呢。

4. A：这个周末咱们去吃麦当劳吧。

B：_____。（有什么……的）

A：那你想吃什么？

B：我想吃烤鸭。

5. A：你给我打个电话就行了，_____？（特意）

B：我不是来找你的。_____。（为……才……）

6. A：小张，有对象了吗？

B：还没有呢。

A：我给你介绍一个。_____？（标准）

B：只要人好就行。

（四）熟读下列对话，并且说明对话者可能是什么人，对话可能是在哪儿、在什么情况下说的：

1. A：小明，你今年该大学毕业了吧？

B：可不是，我现在正在联系工作呢。

A：你学的是什么专业？

B：计算机。

A：你到我们公司来吧。我们那儿正缺人呢。

2. A：中国的大学生假期里打不打工（do part-time job）？

B：现在打工的人越来越多。你们国家呢？

A：有很多。我们不光在假期里，就是学习期间也做临时工。

3. A：这些照片都是谁照的？

B：我照的。

A：照得真不错。你是不是喜欢摄影（take a photograph）？

B：对，这是我最大的业余爱好。

A：你喜欢照人物还是照风景？

B：我比较喜欢照人物。

26

4. A：先生，您知不知道哪儿有修车的？

   B：不知道，我对这儿也不熟悉。你再问问别人吧。

   A：好。(突然想起了什么)对不起，您能告诉我现在几点了吗？

   B：(看表)五点二十。

   A：谢谢。

   B：不客气。

5. A：同志，这种照相机跟那种(指旁边的一台)有什么不同？

   B：这种是他们公司今年新出的产品，比那种多了两个功能(function)。

   A：您能不能告诉我这两种照相机的性能有没有差别？

   B：性能方面当然有很大差别，可价格却只差200块钱。

(五) 根据下面的情景做对话练习：

1．你向同屋打听去王府井的行车路线。同屋找出北京市交通图同你边看边说。

2．你去商店买电视或其他商品。向售货员询问商品的性能、功能及与别的商品的差别。

3．一个外国留学生和几个中国大学生座谈，他们对各自的求职观很感兴趣，请你和你的同学扮演这几个人。

第五课　不见不散

1. 不见不散

　　张勇给吴小丽打电话,想约她周末去看画展。

张勇:小丽,这个周末咱们去看画展怎么样?
小丽:你还是找别人跟你一起去吧。
张勇:怎么? 还在生我的气呀?
小丽:上次,你说请我看电影,却让我白等了一个小时。
张勇:路上堵车,怎么能怪我呢?
小丽:要是这个周末还堵车呢?
张勇:我不坐公共汽车了,我坐地铁,肯定比你到得早。
小丽:那好吧。
张勇:星期六上午十点,美术馆门口,不见不散。

　　星期六上午十点。

小丽:张勇,你今天来得真早。
张勇:我九点半就到了。
小丽:走,咱们进去吧。
张勇:小丽,咱们别看画展了,我请你打保龄球,好不好?
小丽:你这个人怎么回事? 说好了又变卦。
张勇:不是我变卦。(指着售票处的一块牌子)你看,想看画展的人太多,票已经
　　　卖完了。

2. 你明天有空儿吗

　　张勇刚进家门,电话铃就响了起来。张勇拿起电话……

28

张勇：喂！

大伟：请问，张勇在家吗？

张勇：我就是，你是大伟吧？

大伟：是啊，你听出来了？

张勇：我一听你的口音就知道了。大伟，找我有事吗？

大伟：我想邀请你和小丽去一家美国餐馆儿，吃一顿地道的西餐。

张勇：什么时候？

大伟：明天晚上七点怎么样？

张勇：啊，太不巧了，明天晚上我有约会。改天怎么样？

大伟：好吧。

张勇：对不起了，大伟。

大伟：没关系。

3. 我请你们喝咖啡

一天晚上，大伟他们吃完西餐从餐馆儿出来，大伟又提议去咖啡馆。

大伟：时间还早，咱们再去咖啡馆坐坐吧。

张勇：好啊，那儿还可以唱卡拉OK。

小丽：大伟，你唱过卡拉OK吗？

大伟：我在美国时从没唱过，来中国以后才去唱过两次。

张勇：你不知道，大伟中文歌儿唱得好着呢。他可是唱得比说得好。

小丽：我觉得大伟汉语说得也不错，没什么怪音怪调，挺标准的。

大伟：谢谢你的夸奖，这多亏了你们二位的帮助。

小丽：我还得感谢你教我英语呢。咱们是互相帮助啊！

张勇：咖啡馆到了，进去再聊吧。

二、生词

1. 不见不散		bú jiàn bú sàn	keep waiting until meeting
2. 周末	（名）	zhōumò	weekend
3. 堵车		dǔ chē	traffic jam
4. 白	（副）	bái	in vain

5. 怪	（动）	guài	blame
6. 肯定	（副）	kěndìng	undoubtedly；certainly
7. 美术馆	（名）	měishùguǎn	art gallery；art museum
8. 保龄球	（名）	bǎolíngqiú	bowling ball
9. 变卦		biàn guà	break an agreement
10. 牌子	（名）	páizi	brand
11. 电话铃	（名）	diànhuàlíng	phone bell
12. 口音	（名）	kǒuyīn	accent
13. 地道	（形）	dìdao	pure；typical
14. 改天	（副）	gǎitiān	another day
15. 提议	（动）	tíyì	suggest
16. 怪音怪调		guàiyīn guàidiào	strange voice
17. 多亏	（副）	duōkuī	thanks to；luckily

三、用法说明

（一）词语用法

1. **白**：副词，用在动词前，表示没有效果。

（adverb.）**白** + **verb** means ineffective.

例：

（1）甲：你感冒怎么还没好,吃药了吗?

乙：吃了好几种呢,一点儿效果都没有,白花了不少钱。

（2）甲：你干吗这么生气?

乙：小王和我约好在他家见面。我去找他,他却不在,让我白跑了一趟。

2. **……着呢**：常用在形容词后,表示程度深,带有夸张的语气。

Adjective + **着呢** is to express the deep degree in an exaggerated tone.

例：

（1）甲：都几点了,还不起床!

乙：让我再睡会儿,困着呢。

（2）甲：你得买件厚大衣,听说北京的冬天冷着呢。

乙：有多冷?

甲：估计得零下十几度吧。

（3）甲：最近你的身体怎么样?

乙：好着呢,我每天都锻炼一个小时,你和爸爸就放心吧。

3. **多亏**：表示由于别人的帮助或某种有利条件,避免了不幸或得到了好处。

30

(adverb.) **fortunately**; **thanks to**; **luckily**. It means that with others' help, we could avoid the misfortune or get the brenefit.

例：

(1) 甲：那儿怎么了，这么多人？

乙：那家的厨房着火了。

甲：严重吗？

乙：多亏邻居发现得早，不然那座楼就完了。

(2) 甲：看完电影了？怎么样，有意思吗？

乙：没意思。白花了十块钱，没看完我就出来了。

甲：多亏我没去。

 （二）表达法

1. 邀请某人做某事 to invite sb. to do sth.

这个星期六我想请您……，您有时间吗？

22 号晚上我们班的同学要……，请您也来参加，好/可以吗？

我想请你……。

听说……，我们一起去，好吗？

谢谢您的邀请，我一定去。

好，我一定参加。

真对不起，我有事儿，去不了。

太不巧了，那天我有个约会。

2. 和某人约会 to make an appointment with sb.

您什么时候有空儿？我们……，好吗？

假期/下星期我们去……，你看怎么样？

我们在……见面，好不好？

行，没问题。

可以，我一定准时到。

咱们不见不散。

四、练习

(一) 根据课文回答问题：

1. 张勇约小丽周末做什么？

2. 开始，小丽想不想去？为什么？

3. 上次，张勇晚到的原因是什么？

4. 小丽后来为什么又同意跟张勇一起去了？

5. 他们说没说好约会的时间和地点？

6. 这次约会谁先到的？几点到的？

7. 最后他们看没看画展？为什么？

8. 谁给张勇打电话？找他什么事？

9. 张勇答应没答应大伟的邀请？为什么？

10. 大伟会唱中文歌吗？唱得怎么样？

11. 张勇说大伟"唱得比说得好"是什么意思？

12. 小丽认为大伟的汉语怎么样？

（二）根据课文内容完成对话：

1. A：_____？

   B：（生气的样子）对不起，我没有时间。

   A：_____？

   B：我可不想再白等你一个小时了。

2. A：_____？

   B：我上个周末刚看完那个画展。

   A：_____？

   B：好啊，我特别喜欢打保龄球。

3. A：_____。

   B：我九点半就到了，已经等你半天了，你怎么才来？

   A：_____。

   B：要是骑自行车就不堵了。

4. A：喂，是张勇吗？

   B：_____？

   A：我是大伟。

   B：_____？

   A：我想请你和小丽吃晚饭。

5. A：_____。

   B：什么时候？

   A：_____？

   B：太不巧了，明天我有约会。改天怎么样？

   A：_____。

32

（三）根据所给词语完成对话：

1．A：听说你学过两年英语，"周末愉快"英语怎么说？

　　B：我是十年前学的，现在都忘了。

　　A：＿＿＿＿＿＿＿＿＿＿＿＿＿＿＿＿。（白）

2．A：咱们明天几点见面呀？

　　B：＿＿＿＿＿＿＿＿＿＿＿＿＿＿＿＿。（不见不散）

3．A：别去公园了，还是去博物馆吧。

　　B：咱们不是都说好了吗？＿＿＿＿＿＿＿＿＿＿＿。（变卦）

4．A：明天你有没有空儿？

　　B：什么事？

　　A：＿＿＿＿＿＿＿＿＿＿＿＿＿＿＿＿。（邀请）

5．A：＿＿＿＿＿＿＿＿＿＿＿＿＿＿＿＿。（提议）

　　B：我不同意。美术馆那么远，骑自行车多累啊。

6．A：最近你的学习进步很大。

　　B：＿＿＿＿＿＿＿＿＿＿＿＿＿＿＿＿。（多亏）

7．A：这么重的行李你一个人怎么搬上来的？

　　B：＿＿＿＿＿＿＿＿＿＿＿＿＿＿＿＿。（多亏）

（四）熟读下列对话并且说明对话者可能是什么人，对话可能是在哪儿、在什么情况下说的：

1．A：今天多亏了您的帮助，怎么感谢您好呢？

　　B：你太客气了。俗话说得好："远亲不如近邻。"这点儿小事算什么？

2．A：小玉，明天是我的生日，我邀请你来我家玩儿。

　　B：谢谢。我一定会去的。

　　A：除了你以外，我还邀请了几个同学。

　　B：人越多越热闹。

3．A：这是谁的结婚请柬(invitation card)？

　　B：小张的。他后天结婚，请咱俩参加他的婚礼。

　　A：请柬印得真漂亮，比我们那时候强多了。

4．A：丽丽，今天晚上有空儿吗？

　　B：什么事？

　　A：一起吃晚饭好不好？我请客。

B：真对不起。我跟男朋友约好了去看话剧，他马上来接我。

A：(吃惊地)什么？你已经有男朋友了？

（五）根据下面的情景做对话练习：

1. 你朋友星期六结婚，打电话邀请你参加他的婚礼。

2. 你去图书馆的路上遇见了你的好朋友，她邀请你中秋节去她家吃饭。

3. 你给朋友打电话约他／她周末一起去爬山。(出发的时间、见面地点等)。

第六课　后悔没听你的

1. 你怎么了

约翰是大伟的同屋，从昨天开始他就有点儿不舒服。像以往一样，他自己吃了点儿药，可是今天好像更厉害了。他不得不去医院看看。

约翰：(在挂号处)请给我挂一个内科。
小姐：您挂普通门诊，还是专家门诊？
约翰：哪个快就看哪个吧。
　　　(在候诊处等了一会儿，护士请约翰进去)
大夫：你怎么了？
约翰：我昨天开始嗓子疼，头疼，鼻子不通。今天好像更严重了，咳得很厉害，全
　　　身没劲儿，难受极了。
大夫：发烧吗？
约翰：发烧。我来的时候量了，三十八度四。
大夫：咳嗽的时候有痰吗？
约翰：没有痰，是干咳。
大夫：食欲和睡眠怎么样？
约翰：不想吃东西，睡得也不好。有时候咳醒了就再也睡不着了。
大夫：大便情况怎么样？
约翰：好像还正常。大夫，我得的是什么病？
大夫：是流感，最近得流感的人很多。我给你开点儿药。中药能吃吗？
约翰：能。
大夫：要多喝水，多休息。行，这是药方，去药房拿药吧。

2. 我肚子疼

午饭的时候，张勇吃了很多羊肉串，小丽劝他少吃点儿，他不听。吃完饭，

他们俩去游泳。游了一会儿,张勇觉得很不舒服。

张勇:小丽,你游吧,我想先回去了。

小丽:再游会儿吧,你怎么了?

张勇:没事儿,你游你的。

小丽:真的没事儿吗? 你的脸色不太好。

张勇:我刚才听你的就好了。

小丽:你不舒服?

张勇:我肚子疼。

小丽:我陪你回去吧。

张勇:我自己能回去,你接着游吧。

小丽:我也不想游了。我去拿咱们的东西。

张勇:唉呦,我不行了,卫生间在哪儿?

　　　从卫生间出来

小丽:怎么样?

张勇:上吐下泄,难受死了。

小丽:还是去医院看看吧。

张勇:好吧。

3. 真后悔没听你的

　　　到了医院,张勇肚子疼得已经站不住了。小丽给他挂了个急诊。

大夫:你怎么了?

张勇:我恶心、肚子疼,还上吐下泄。

大夫:都吃什么东西了?

张勇:午饭的时候,我吃了一些羊肉串儿,又喝了点儿凉水。

大夫:天这么热,吃的东西很容易变质。

张勇:唉呦,疼死我了。

大夫:这是化验单,你先去化验一下大便。

　　　张勇把化验结果交给大夫

张勇:大夫,要紧吗?

大夫:是急性肠炎。我给你开点儿药,要注意休息,不要吃生冷油腻的东西。

张勇:小丽,我真后悔没听你的。

1. 以往	（名）	yǐwǎng	before；formerly
2. 普通门诊		pǔtōng ménzhěn	common outpatient service
3. 专家	（名）	zhuānjiā	expert
4. 候诊处	（名）	hòuzhěnchù	waiting room（in a hospital）
5. 护士	（名）	hùshi	nurse
6. 没劲儿		méijìnr	bored
7. 量	（动）	liáng	measure
8. 痰	（名）	tán	sputum
9. 食欲	（名）	shíyù	appetite
10. 睡眠	（名）	shuìmián	sleep
11. 大便	（名）	dàbiàn	stool
12. 流感	（名）	liúgǎn	flu
13. 劝	（动）	quàn	to advise
14. 接着	（动）	jiēzhe	to continue
15. 上吐下泄		shàngtù xiàxiè	split and vent
16. 急诊	（名）	jízhěn	emergency call
17. 恶心	（形、动）	ěxin	nauseous；feel nausea
18. 变质		biàn zhì	deteriorate
19. 化验单	（名）	huàyàndān	laboratory test report
化验	（动）	huàyàn	chemical（laboratory）test
20. 急性肠炎	（名）	jíxìng chángyán	acute enteritis
21. 生冷油腻		shēnglěng yóunì	cold，raw，fat，food
22. 后悔	（动）	hòuhuǐ	regret

三、用法说明

? (一) 词语用法

1. **再也不/没……了**：否定某种行为或某种状态的重复或继续。

   never again. It's kind of negation of the repetition or continuaition of an action or state.

   例：

   (1) 甲：现在你和你的前夫还有联系吗？

乙：早就没联系了。他去美国以后我就再也没他的消息了。

甲：你还爱他吗？

乙：不，我再也不想见到他了。

(2) 甲：这个鬼地方，我再也不想住下去了。

乙：那你想去哪儿？

甲：去哪儿都行。我想再也没有比这儿更差的地方了。

2. **……就好了**：用在假设句的句尾，也常说成"如果……就好了"、"要是……就好了"、"……的话，就好了"。这种句式中假设的情况常常与现存的事实相反，含有期盼、希望的语气。

if... will be better. It's often used at the end of the subjunctive sentences. The situation that is assumed in the sentence is often opposed to the existing reality. It implies the tone of wish.

例：

(1) 甲：看报纸了吗？昨天夜里台湾地震了。

乙：我是看电视新闻知道的。死伤的人很多。

甲：真可怕。

乙：是啊，什么时候人类能准确预报地震就好了。

(2) 甲：这次考试张大民又是全年级第一。

乙：我要是像他那么聪明就好了。

甲：我看这不是聪明不聪明的问题，你要是像他那么努力就好了。

3. **还是**：表示经过比较之后的选择。

had better/better. It shows the speaker's preference after comparing.

例：

(1) 甲：咱们去打会儿球吧？

乙：打球太热，还是下棋好。

(2) 甲：我看还是北方好，夏天不热，冬天有暖气也不冷。

乙：还是南方好，空气湿润，不像北方这么干燥。

丙：你们俩别争了。还是我们昆明好，一年四季都像春天一样。

 （二）表达法

表示后悔 the ways to express one's regret

……，我真后悔。

我很后悔……。

我不应该……。

……就好了。

早点儿知道/准备/开始/……就好了。

38

要是……就好了。

如果……就好了。

四、练习

（一）根据课文回答问题：

1. 约翰是什么时候开始不舒服的？
2. 约翰都哪儿不舒服？
3. 约翰发不发烧？多少度？
4. 约翰得的是什么病？
5. 大夫给约翰开的是什么药？
6. 张勇为什么不想游泳了？
7. 张勇为什么会肚子疼？
8. 张勇吃的羊肉串有什么问题？
9. 小丽带张勇回宿舍了还是去医院了？
10. 张勇化验的结果是什么？
11. 大夫告诉张勇应该注意些什么？

（二）根据课文内容完成对话：

1. A：请给挂个内科。

   B：＿＿＿＿＿＿＿＿＿＿＿＿＿＿＿＿＿？

   A：专家门诊。

2. A：你哪儿不舒服？

   B：＿＿＿＿＿＿＿＿＿＿＿＿＿＿＿＿＿。

   A：咳嗽吗？

   B：＿＿＿＿＿＿＿＿＿＿＿＿＿＿＿＿＿。

   A：发不发烧？

   B：＿＿＿＿＿＿＿＿＿＿＿＿＿＿＿＿＿。

   A：再试一下儿表吧。(递给病人体温表)十分钟后给我。

3. A：＿＿＿＿＿＿＿＿＿＿＿＿＿＿＿＿＿？

   B：我头疼、嗓子疼、咳嗽、全身没劲儿。

   A：＿＿＿＿＿＿＿＿＿＿＿＿＿＿＿＿＿？

   B：不想吃东西,睡得也不好。

4. A：＿＿＿＿＿＿＿＿＿＿＿＿＿＿＿＿＿？

   B：是流感,最近得流感的人很多。

A：我该注意些什么呢？

B：＿＿＿＿＿＿＿＿＿＿＿＿＿＿＿。

5．A：你怎么了？

B：＿＿＿＿＿＿＿＿＿＿＿＿＿＿＿。

A：都吃什么东西了？

B：＿＿＿＿＿＿＿＿＿＿＿＿＿＿＿。

A：天这么热，吃的东西很容易变质。

B：＿＿＿＿＿＿＿＿＿＿＿＿＿＿＿？

A：（看完化验单）是急性肠炎。

三、根据所给词语完成对话：

1．A：你怎么了？

B：＿＿＿＿＿＿＿＿＿＿＿＿＿＿。（没劲儿）

2．A：我好像有点儿发烧。

B：＿＿＿＿＿＿＿＿＿＿＿＿？（量）

A：没有。

B：给你表，试一下儿。（过了十分钟）多少度？

A：38.7度。

3．A：老张，你咳嗽得这么厉害，＿＿＿＿＿＿＿＿＿＿。（劝）

B：老张，我一闻烟味儿就头疼。您以后别再抽了。

C：好，听你们的，＿＿＿＿＿＿＿＿＿。（再也不……了）

4．A：对不起，把你的话打断了。＿＿＿＿＿＿＿＿＿＿。（接着）

B：我讲到哪儿了？

A：我也忘了。

5．A：让你带伞你不带，被雨淋湿了吧？

B：＿＿＿＿＿＿＿＿＿＿＿＿＿＿。（后悔）

6．A：周末咱们一起去跳舞吧？

B：跳舞有什么意思？＿＿＿＿＿＿＿＿＿＿。（还是）

7．A：今天玩儿得真痛快！

B：＿＿＿＿＿＿＿＿＿＿＿＿＿＿。（就好了）

（四）熟读下列对话并且说明对话者可能是什么人，对话可能是在哪儿、在什么情况下说的：

1．A：听说王大可买福利（welfare）彩票（lottery ticket）中大奖了。

B：是吗？中的是什么奖啊？

A：一辆价值 20 万元的小汽车。

B：那王大可就可以开着车来上班了。

A：我真后悔(regret)没有买。

2．A：李东,这次考试你怎么错了这么多?

B：我复习的时间太少了,要是早点儿开始就好了。

A：你平时一直都很努力,这次是怎么回事?

B：都是世界杯足球赛给耽误的。

3．A：李大夫,这孩子得的是什么病呀?

B：急性肠炎。是吃变质的食物引起的。

A：这都怪我,要是不给他买羊肉串儿就好了。

4．A：今天怎么回来得这么晚? 我都饿坏了。

B：什么? 你还没吃呢?

A：人家做好饭一直等着你。菜都热两回了。

B：都怪我,早点儿给你打个电话就好了。

(五) 根据下面的情景做对话练习:

1．你在私人商店买了一双鞋,不到一个月就坏了。你把这件事讲给朋友听,后悔光想便宜了。

2．你跟朋友骑自行车去颐和园,半路上下起了雨,你朋友的自行车又坏了,你后悔没听同屋的话,带上雨衣。你朋友后悔听了你的建议,骑自行车去。

3．你得了重感冒,去医院看病。你和同学分别扮演病人和医生的角色。

第七课 请教教我吧

1. 请教教我吧

穿着一身运动衣的张勇在去操场的路上遇见了手拿网球拍的山田。

张勇：山田,你去打网球呀?

山田：对,你去跑步吗?

张勇：(从衣服下拿出乒乓球拍)不,我去打乒乓球。

山田：和谁打呀?

张勇：我参加了学校的乒乓球队,每天下午都要训练,过几天还准备跟别的学校
比赛呢。

山田：能入选校乒乓球队,你的乒乓球打得一定不错。怎么样,哪天也教我几招
儿吧。

张勇：没问题。不过,我想学打网球,你教教我怎么样?

山田：好啊,你教我打乒乓球,我教你打网球。

张勇：咱们这叫互帮互学。

山田：对不起,我得先走了,要不然球场就都被占上了。

2. 你能不能也陪我去看看

张勇家。张勇的爸爸、妈妈一边做饭一边聊天儿。

张母：哎,听说了吗? 咱们小区又新开了家健身房。

张父：早听说了。小勇他们都去过好几回了。

张母：我说,你能不能也陪我去看看?

张父：都是年轻人玩儿的,咱们凑什么热闹。

张母：怎么是凑热闹呢? 要是有适合咱们的器械,以后锻炼就方便多了。

张父：我听小勇说健身房的器械还真不少,什么跑步机、划船机、漫步机,一共有十几种呢。

张母：你每天趴在桌子上改稿,应该多活动活动颈椎和腰部。

张父：我看还是学打太极拳吧,那些器械运动太剧烈了,我受不了。

张母：要不你参加小区的门球队?既能锻炼身体又能常和别人聊聊天儿。

张父：还是等我退休后再说吧。现在我可没那么多闲工夫。

3. 你能陪我去跳舞吗

新年前夕,小雨的公司举办舞会。小雨给男朋友李放打电话。

小雨：李放,明天晚上我们公司有舞会,你能陪我去吗?

李放：你知道我最不喜欢跳舞了,再说,我手上的这个项目还没完,说不定明天晚上还得加班。

小雨：你这个人怎么这样,人家好不容易求你一次,你一点面子都不给。

李放：明天晚上你能不能不去跳舞?

小雨：你要是不来就算了,我可找别人跳啦。

李放：小雨,你别生气。我答应你还不行吗?(放下电话,自言自语)看来今天晚上我得熬个通宵了。

~~~~~~~~~ 二、生词 ~~~~~~~~~

1.	训练	(动)	xùnliàn	train
2.	入选	(动)	rùxuǎn	be selected
3.	招	(名)	zhāo	technique
4.	占	(动)	zhàn	occupy
5.	小区	(名)	xiǎoqū	neighbourhood
6.	健身房	(名)	jiànshēnfáng	gymnasium
7.	凑热闹		còu rènao	join in the fun
8.	适合	(动)	shìhé	suit;fit
9.	器械	(名)	qìxiè	appliance
10.	漫步	(动)	mànbù	stroll, ramble
11.	颈椎	(名)	jǐngzhuī	neck;cervical spine
12.	腰部	(名)	yāobù	waist

13. 剧烈	（形）	jùliè	impetuous
14. 门球	（名）	ménqiú	sports croquet
15. 闲工夫	（名）	xiángōngfu	spare time
工夫	（名）	gōngfu	time
16. 前夕	（名）	qiánxī	eve
17. 项目	（名）	xiàngmù	project
18. 加班		jiā bān	work overtime
19. 面子	（名）	miànzi	reputation
20. 熬通宵		áo tōngxiāo	work over night
通宵	（名）	tōngxiāo	the whole night

三、用法说明

（一）词语用法

1. **要不（要不然）**①：表示如果不是上文提到的情况，就会产生下面的结果。意思是"如果不这样的话，就……"。

unless/otherwise. It's kind of subjunctive. The result will come out unless the former situation appears.

例：

（1）甲：送你上飞机的时候，你妈妈哭了吧?

乙：是啊，要不怎么是妈妈呢。

（2）甲：快走吧，要不来不及了。

乙：放心吧，肯定不会迟到。

（3）甲：没想到学校的小书店今天下午不开门。

乙：多亏我没跟你一起去，要不然，也得白跑一趟。

2. **要不（要不然）**②：用来提出与上文不同的其他选择。

or/otherwise. It's used to offer a different choice.

例：

（1）甲：你想喝点儿什么? 我这儿有新沏的绿茶，要不给你冲杯咖啡?

乙：不用了，我喜欢喝茶。

（2）甲：你给他写封信吧，要不打个电话也行。

乙：不，我还是亲自去一趟吧。

（3）甲：约翰，你看见大伟了吗?

约翰：没看见。他呀，不在宿舍就在教室，要不就在图书馆。

请求帮助 to ask for help

我可以/能……吗？

我想请您/你……。

请您/你……,好吗/行吗/可以吗？

劳驾,您/你能……吗？

您/你能不能……？

求您/你……。

帮我……,求您/你了。

四、练习

（一）根据课文回答问题：

1. 张勇在路上遇见了谁？

2. 张勇乒乓球打得怎么样？

3. 张勇什么时候训练？

4. 山田乒乓球打得怎么样？为什么这样说？

5. 张勇想学什么？

6. 什么叫做"互帮互学"？

7. 打网球的人多不多？你是怎么知道的？

8. 张母想让张父陪她去哪儿？张父想不想去？

9. 去健身房的老人多不多？为什么这样说？

10. 健身房里都有哪些器械？

11. 张父是做什么工作的？他应该多锻炼哪些部位？

12. 老人适合哪些运动？

13. 小雨要参加哪儿的舞会？找谁做舞伴？

14. 李放为什么不想去跳舞？

（二）根据课文完成对话：

1. A：_____？

   B：不,我去打乒乓球。

   A：_____？

   B：跟我同屋。

2. A：_____？

   B：每天下午四点到六点训练。

A：_____？

B：跟北京大学校队。

3．A：_____？

B：还可以。我是校网球队的。

A：_____？

B：没问题。

4．A：听说小区里新开了家健身房。

B：_____。

A：怎么样？都有哪些器械？

B：_____。

A：哪天我也去活动活动。

5．A：你应该去健身房做做运动。

B：_____。

A：有不剧烈的运动。打门球挺适合你。

B：_____。

6．A：_____？

B：舞会是几点的？我八点以前去不了。

A：_____。

B：好，你在舞厅门口等我，不见不散。

（三）根据所给的词语完成对话：

1．A：刘青，你去哪儿啊？

B：去图书馆。我怕晚了就没位子了。

A：_____。（占）

2．A：妈，您试试这件衣服。

B：_____？（适合）

A：我觉得挺好的。看起来您年轻了好几岁。

3．A：丽丽，你干什么呢？过来陪我看会儿电视。

B：_____。（闲工夫）

4．A：对不起，我该走了，_____。（要不然）

B：来得及，离开车时间还有半个小时呢。

5．A：张文，你不是去北大看朋友了吗？怎么又回来了？

B：真倒霉。刚出校门自行车就坏了。

A：_____。（要不）

（四）熟读下列对话并且说明对话者可能是什么人，对话可能是在哪儿、在什么
　　情况下说的：

1. A：小丽，求求你，就帮我一次吧。
   B：不行，自己的事情自己做。

2. A：玛丽，我要去小卖部，你有什么要买的吗？
   B：请你帮我买两瓶矿泉水（mineral water），好吗？
   A：好。还要别的吗？
   B：不要了，谢谢你。

3. A：（听见敲门声）谁呀？请进！
   B：现在已经十二点了，请你把录音机的声音放小点儿，好吗？
   A：真对不起，打扰你休息了。

4. A：小王，这份文件能不能再复印（copy）几份？
   B：好，我马上去，开会前一定能复印好。

5. A：我差不多都好了，让我出院好吗？
   B：现在还不行，等下周一化验结果出来再说吧。

（五）根据下面的情景做对话练习：

　　1. 上课老师讲的内容你没听懂，你向同学请教，可他/她也没懂，你俩又一
起去找老师，请老师再给你们讲一遍。
　　2. 你的亲戚（relative）来北京工作，没有房子。你给你朋友打电话，求他/她
帮你亲戚租一间房子。（说明租房的要求：地点、租金、面积等）
　　3. 你想买台电脑，可你没有经济能力。你请求父母出钱帮你买。（说明理
由并回答父母提出的问题）

第八课　你能行吗

1. 你学得会吗

　　张勇、小丽和大伟一起去看了美国著名吉他演奏家在北京举行的首场演出,回学校的路上,张勇做出了一个决定。

张勇:从明天开始,我要学弹吉他了。
小丽:什么? 你还想学弹吉他? 快别开玩笑了。
张勇:怎么是开玩笑呢? 我可是认真的,明天我就去买琴。
大伟:张勇,学琴可不容易,我刚开始学的时候儿,手都磨出血来了。
小丽:除了不怕手疼以外,还得有耐性。像你这样"三天打鱼,两天晒网"的,能
　　　学会吗?
张勇:我要是做我喜欢的事一定能做好。
大伟:要是你没有多少乐理知识的话,学起来可够费劲的。
张勇:大伟,你不是会吗? 我就拜你为师吧。
大伟:我行吗? 我好长时间没弹了,手都生了。
小丽:不用担心,你的这个学生过不了两个星期就会放长假的。

　　过了一个星期,小丽跟张勇一起吃快餐。

小丽:大音乐家,吉他学得怎么样了?
张勇:我已经改学萨克斯管儿了,我小时候吹过笛子,我吹得比弹得好。
小丽:你是吹牛吹得好吧? 萨克斯管儿比吉他难学多了,你学得会吗?
张勇:没问题。我的邻居是音乐学院的教授,我正跟他学呢。人家可是著名的
　　　演奏家,得过好几次大奖呢。

2. 能吃得消吗

　　张勇的妈妈想参加老年时装模特队,姐姐张雨对此表示怀疑。

48

张雨：妈妈，您都快六十岁的人了，还能当模特吗？

妈妈：我参加的是老年模特队，75岁以下的都可以报名。

张勇：我觉得妈妈够格，别人谁不说她显得年轻呀。

爸爸：你们的妈妈年轻时可漂亮了。

张勇：就是现在也不差呀。连大伟也夸妈妈有风度呢。

张雨：妈，您的心脏不太好，工作又那么忙，能吃得消吗？

妈妈：我参加模特队正是想缓解一下儿，让自己放松放松。

爸爸：不过，毕竟上岁数了，再像年轻人一样在台上扭来扭去的，会不会叫人笑话啊？

妈妈：我不在乎别人的看法，只要你们支持我就行了。

3. 别再犹豫了

外语系想推荐小丽参加市高校大学生英语演讲比赛。小丽信心不足。张勇、大伟给她打气儿，鼓励她参加。

小丽：你们说，我行吗？

张勇：当然行！你上学期不是参加过外语系举办的演讲比赛吗？

小丽：这次可是全市高校的，万一我讲砸了，怎么办？

张勇：你怎么对自己一点儿信心也没有呢？

小丽：我怕时间太短，来不及准备。

大伟：我可以帮你找资料，还可以给你纠正发音。

小丽：我到现在还不知道该讲什么题目呢？

张勇：你昨天想的那个题目就挺好的，就叫"新世纪的机遇与挑战"。

大伟：这个题目挺新的。小丽，别再犹豫了，赶快准备吧。

二、生词

1. 吉他	（名）	jítā	guitar
萨克斯管	（名）	sàkèsīguǎn	saxophone
笛子	（名）	dízi	bamboo flute
2. 演奏家	（名）	yǎnzòujiā	an accomplished performer (of a musical instrument)
3. 磨	（动）	mó	abrade
4. 耐性	（名）	nàixìng	patience

5. 三天打鱼, 两天晒网		sān tiān dǎ yú, liǎng tiān shài wǎng	work by fits and starts；lack perseverance
6. 乐理	（名）	yuèlǐ	music theory
7. 费劲		fèi jìn	need great effort
8. 拜……为师		bài…wéishī	formally acknowledge…as one's teacher
9. 生	（动）	shēng	rusty；out of practice
10. 吹牛		chuī niú	boast
11. 怀疑	（动）	huáiyí	doubt
12. 时装	（名）	shízhuāng	fashionable dress
13. 够格		gòu gé	qualified
14. 风度	（名）	fēngdù	grace
15. 吃得消		chī de xiāo	bear；cope with
16. 缓解	（动）	huǎnjiě	relax
17. 毕竟	（副）	bìjìng	after all
18. 演讲	（名）	yǎnjiǎng	lecture
19. 推荐	（动）	tuījiàn	recommend
20. 打气儿		dǎ qìr	encourage
21. 砸	（动）	zá	fail
22. 机遇	（名）	jīyù	opportunity
23. 挑战	（名、动）	tiǎozhàn	challenge

三、用法说明

？ （一）词语用法

1. **你还……?**:这是用"还"构成的反问句,表示说话人觉得发生某事是不可能、不应该的。

   still. It's a **rhetorical question** that consists of "还" and other words. It is used to express the speaker's disbelief of something.

   例:

   (1) 甲:明天就考试了,我还没复习好,怎么办呢?

   　　乙:你还用担心? 你要是考不好,咱班就没人能考好了。

   (2) 甲:小王最近总吃方便面,是不是没钱花了?

   　　乙:听说他爸是个大老板呢,他还会没钱?

50

2. **在乎**:意思是把某事放在心上。多用在否定句或者反问句中。

mind/care about something. It is often used in negative sentences or rhetorical questions.

例:

(1) 甲:想问你个私人问题,你在乎不在乎?

乙:你问吧,我不在乎。

甲:你结婚了吗?

乙:还没有,不过已经有男朋友了。

(2) 甲:他们都笑你呢,你不在乎吗?

乙:一点儿也不在乎。

3. **万一**:表示可能性极小的假设。有时可以跟其他表示假设的连词连用,在对话中也可用"万一……呢"提问。

in case/by any chance. It is used to express the least possiblity.

例:

(1) 甲:这些钱你都带上吧,万一路上有用呢?

乙:不用了,我带着信用卡呢。

(2) 甲:你去之前先给他打个电话,万一他不在家呢?

乙:我们已经约好了,他在家等我。

 (二)表达法

1. 对某人说的话或某事的真实性表示怀疑 to doubt someone's words or something's authenticity

是吗?

真的吗?

是这样吗?

不可能吧?

怎么可能呢?

你没弄错吧?

不会像你说的那样吧?

我不相信……。

2. 对自己或别人的能力表示怀疑 to doubt oneself or other's ability

我/你/他/能……吗?

我/你/他能行吗?

我/你/他行吗?

我/你/他/还能……?

我怀疑……。

我对……表示怀疑。

四、练习

（一）根据课文回答问题：

1. 张勇他们一起去看了什么演出？

2. 张勇做出了什么决定？

3. 大伟为什么说学琴不容易？

4. 小丽认为学琴需要什么？

5. 小丽认为张勇能学会吗？为什么？

6. 张勇学会弹吉他没有？他觉得自己学什么好？为什么？

7. "吹牛"是什么意思？

8. 你认为张勇能不能学会萨克斯管？为什么？

9. 张勇的妈妈想做什么？

10. 他们家谁表示怀疑？为什么？

11. 张母为什么要参加老年模特队？

12. 张父对这件事有什么看法？

13. 外语系推荐小丽参加什么比赛？

14. 大伟准备怎么帮助小丽？

15. 小丽演讲的题目是什么？

（二）根据课文内容完成对话：

1. A：张勇，昨天晚上你去哪儿了？

   B：_____。

   A：首场演出，人一定很多。

2. A：从明天开始，我要学弹吉他了。

   B：_____。

   A：怎么是开玩笑呢？琴我都买来了。

   B：_____。

   A：我要是做我喜欢的事一定能做好。

3. A：哎呀，你的手怎么了？

   B：_____。

   A：学吉他太苦了，你还是改学萨克斯管吧。

   B：_____。

52

4. A：李阿姨，最近怎么见不着您呀？

   B：_____。

   A：您都快六十岁了，还能当模特吗？

   B：_____。

   A：跟他们比，您还算年轻的呢。

5. A：妈，您每天工作那么忙，干嘛还要参加老年模特队？

   B：_____。

   A：您都快六十的人了，会不会叫人笑话呀？

   B：_____。

6. A：_____？

   B：当然行。你以前不是参加过这类的比赛吗？

   A：_____？

   B：你怎么对自己一点儿信心也没有呢？

   A：_____。

（三）根据所给词语完成对话：

1. A：张强，你怎么了？走得这么慢？

   B：今天穿的鞋不合适，_____。（磨）

2. A：我想找一本适合我的口语书，你觉得这本怎么样？

   B：生词太多，_____。（费劲）

3. A：大伟，听说你学过吉他，给大家弹一个吧。

   B：_____。（生）

4. A：_____。（怀疑）

   B：怎么可能呢？医生说是一般的感冒，没什么大问题。

5. A：你最近好像瘦了不少？

   B：工作太累，每天得干十几个小时。

   A：_____？（吃得消）

6. A：你还没开始复习呀？要是这次考试考砸了怎么办？

   B：_____。（在乎）

7. A：李丽，学校想推荐你参加国际奥林匹克数学比赛。

   B：_____。（万一）

（四）熟读下列对话并且说明对话者可能是什么人，对话可能是在哪儿、在什么
    情况下说的：

1. A：小王这几天怎么这么高兴？

B：他这个星期六就要结婚了。

A：怎么可能呢？他跟他女朋友才认识三个星期。

B：这就是爱情的速度。

2．A：真可惜！老张的儿子没考上大学。

B：你没弄错吧？他儿子在班里可是数一数二的。

A：没错，昨天他在办公室里说的。

3．A：约翰，刚才比尔来找你。

B：是吗？他不是已经回国了吗？

A：他不想走了，他想在这儿找份工作。

B：他这个人总是变来变去的。

4．A：家里的洗衣机出毛病了，明天你能不能修修？

B：我怎么会修？给修理电器的打个电话就行了。

A：行吗？人家愿上门修理吗？

B：怎么不愿意。你放心吧，打个电话他们就来。

（五）根据下面的情景做对话练习：

1．你想去一家电脑公司打工，你的朋友对你表示怀疑。（你学习很忙没有时间、你这个人没有耐性等）

2．你的体育老师得了严重的心脏病（heart disease），住进了医院。你不相信这件事，因为他的身体看起来很好，前两天你们还在一起打篮球。

3．学校推荐你参加"中国通汉语知识"比赛。你对自己没有信心。（你学习汉语的时间不长、没有比赛的经验、有很多高手参加等等）你的同学给你打气儿。

第九课 谢谢你的帮助

1. 不知道怎么感谢你才好

张勇兴冲冲地到宿舍来找大伟。

张勇：大伟,猜猜我给你带什么来了?

大伟：电影票。

张勇：不是,是音乐会的票。

大伟：(看票)北京音乐厅,纽约爱乐乐团……(对张勇)张勇,太谢谢你了!我最爱听的就是古典音乐,尤其是纽约爱乐乐团的演奏。

张勇：我早就知道,你家乡的乐团嘛。

大伟：你真是神通广大呀!我一个星期前就打电话订票,可他们说已经卖完了。你是怎么搞到的?

张勇：这个你就别问了,反正我有办法。

大伟：我不知道怎么感谢你才好。这样吧,今天晚上我请客,咱们上饭馆儿吃一顿,你看怎么样?

张勇：你别客气了。今天晚上我要去听一个讲座。

大伟：那改天吧。

2. 谢谢师傅

大伟去音乐厅的路上碰上堵车,他非常着急。

大伟：师傅,音乐会快开始了,您能不能绕道走。

司机：实在抱歉。现在正是上下班高峰时间,哪儿都堵车。

大伟：这儿离音乐厅还远不远?

司机：要是不堵车,再有十分钟就能到。

大伟：我早出来会儿就好了。

司机：你别着急，前面的车已经开始动了。

　　　终于到了音乐厅，大伟给了钱，下了车就往音乐厅跑。

司机：包，你的包落在这儿了。

大伟：哎呀，差点儿丢了。谢谢师傅。多亏您了。

司机：不客气。

3．给你添麻烦了

　　　大伟找张勇帮忙。

大伟：我们系要举行一次汉语节目表演，我自己写了一个小话剧。你能不能帮
　　　我改改。

张勇：没问题。不过，这会儿我没空儿，我先拿回去，今天晚上我去你宿舍找你
　　　好不好？

大伟：对不起，今天晚上我有个约会，明天怎么样？

张勇：好，就明天下午两点吧。

　　　第二天下午，张勇把改好的剧本交给大伟。

张勇：剧本我看过了，写得不错。里边有一些错句，我都帮你改过来了。

大伟：又给你添麻烦了，谢谢你的帮助。

〜〜〜〜〜〜 二、生词 〜〜〜〜〜〜

1．兴冲冲	（形）	xìngchōngchōng	joyfully; gleefully
2．古典	（形）	gǔdiǎn	classical
3．尤其	（副）	yóuqí	especially
4．家乡	（名）	jiāxiāng	hometown
5．神通广大		shéntōng guǎngdà	have vast magic powers
6．订票		dìng piào	book a ticket
7．反正	（副）	fǎnzhèng	anyhow
8．讲座	（名）	jiǎngzuò	lecture
9．绕道		rào dào	make a detour
10．实在	（副）	shízài	verily; really
11．高峰时间		gāofēng shíjiān	rush hour; peak-hour

56

12. 落	（动）	là	lose；forget
13. 举行	（动）	jǔxíng	hold
14. 话剧	（名）	huàjù	stage play；drama
15. 这会儿	（名）	zhèhuìr	now
16. 剧本	（名）	jùběn	play；script
17. 添	（动）	tiān	give；bring

专　名

| 纽约爱乐乐团 | Niǔyuē Àiyuè Yuètuán | New York philharmonic Orchestra |

〜〜〜〜〜〜 三、用法说明 〜〜〜〜〜〜

（一）词语用法

1. **尤其**：特别。表示更进一步。用来指出在全体中或与其他情况比较时特别突出的对象或范围。

   especially；in particular. It is used to point out the speciality among the whole group or area.

   例：

   (1) 甲：听说小王上课常常迟到。

   　　乙：可不是，尤其是早上第一节课，有时候儿过了八点半才来。

   (2) 甲：北京的气候你习惯了吗？

   　　乙：还不太习惯，尤其是春天的风沙，真让人受不了。

2. **反正**：强调做某事的理由或原因。

   anyhow/really/actually. It is used to emphasize the excuse or reason for doing something.

   例：

   (1) 甲：还没忙完呢？ 我来帮你吧。

   　　乙：又给你添麻烦了。

   　　甲：没关系，反正我这阵儿闲着。

   (2) 甲：你走着来的？

   　　乙：是啊，反正不远。

   　　甲：两站路呢！

   　　乙：我每天散步，走习惯了。

3. **实在**:意思是"确实"、"的确"。做状语,修饰形容词、动词。

certainly/really. It is an adverbial to modify the adjective or verb.

例:

(1) 甲:今天我实在是太高兴了,咱们出去喝一杯吧。

乙:什么事儿这么高兴?

甲:我找到了一份儿好工作。

乙:祝贺你!

(2) 甲:你又忘了怎么走了?

乙:不怪我,这儿的路实在是太复杂了。

 （二）表达法

1. 向别人表示感谢 the ways to thank others

谢谢!

谢谢您/你的……。

真不知怎么感谢您/你才好。

给我帮这么大的忙,辛苦你了!

麻烦你了。

给你添麻烦了。

2. 回答别人的感谢 the ways to reply other's thanks

不谢。

不用谢。

不客气。

没什么。

没关系。

都是我应该做的。

只帮了一点儿小忙,您/你不用这么客气。

3. 向别人表示道歉 the ways to apologize

对不起。

真是不好意思。

实在太抱歉了。

请您/你原谅。

真不知道怎样向您道歉才好。

4. 回答别人的道歉 the ways to answer other's apology

没关系。

不要紧。

一点儿小事儿,别放在心上。

5. 对对方的道歉不满意 to show one's dissatisfaction with other's apology

例:

你只说声对不起就完了吗?

这事儿,光说声对不起可不行。

<hr/>

四、练习

(一)根据课文回答问题:

　1. 张勇找大伟什么事?

　2. 大伟最爱听的是哪种音乐?

　3. 大伟为什么喜欢纽约爱乐乐团的演奏?

　4. "神通广大"是什么意思?

　5. 大伟什么时候订的票? 订到了没有?

　6. 你知道张勇是怎么弄到票的吗?

　7. 大伟请张勇晚上做什么? 为什么?

　8. 大伟为什么让出租车司机绕道走?

　9. 司机为什么不愿意?

10. 大伟把什么落在车上了?

11. 大伟找张勇帮什么忙?

12. 张勇什么时候能把剧本还给大伟?

(二)根据课文内容完成对话:

1. A:＿＿＿＿＿＿＿＿＿＿＿＿＿＿＿＿＿?

　 B:VCD。

　 A:不是,是一本小说。

2. A:你打电话找我什么事?

　 B:我买了两张音乐会的票,纽约爱乐乐团的。

　 A:＿＿＿＿＿＿＿＿＿＿＿＿＿＿＿＿＿。

3. A:大明,你是怎么弄到这本书的?

　 B:＿＿＿＿＿＿＿＿＿＿＿＿＿＿＿＿＿。

4. A:小丽,我弄到了一辆车,明天咱们可以开车去郊游。

　 B:＿＿＿＿＿＿＿＿＿＿＿＿＿＿＿＿＿?

　 A:你就别问那么多了,反正不是偷的。

5．A：师傅，我有急事，您能不能绕一下道？

    B：＿＿＿＿＿＿＿＿＿＿＿＿＿＿＿＿＿。

6．A：真糟糕！

    B：＿＿＿＿＿＿＿＿＿＿＿＿＿＿＿＿＿。

7．A：老王，我的自行车坏了，您能帮我修修吗？

    B：＿＿＿＿＿＿＿＿＿＿＿＿＿＿＿？

    A：我不着急，您什么时候有空儿什么时候再修。

    B：那就明天来拿吧。

    A：＿＿＿＿＿＿＿＿＿＿＿＿＿＿＿＿＿。

（三）根据所给词语完成对话：

1．A：明天是我妹妹的生日，我想送她一张音乐 CD。

    B：＿＿＿＿＿＿＿＿＿＿＿＿＿＿＿？（古典）

    A：都可以。

2．A：你怎么不吃菜呀？

    B：＿＿＿＿＿＿＿＿＿＿＿＿＿＿＿。（尤其）

    A：早知道就不点带肉的菜了。

    B：没关系，反正我也不怎么饿。

3．A：＿＿＿＿＿＿＿＿＿＿＿＿＿＿＿。（实在）

    B：没关系，反正我也该买新的了。

4．A：你想买什么东西吗？我可以帮你买一下儿。

    B：总麻烦你真不好意思。

    A：没关系，＿＿＿＿＿＿＿＿＿＿＿。（反正）

5．A：小新，晚上一起去看电影怎么样？

    B：我作业还没做完呢。

    A：＿＿＿＿＿＿＿＿＿＿＿＿＿＿＿。（反正）

    B：明天我要去天津看我奶奶，一点儿时间也没有。

6．A：借我用一下你的手机好吗？

    B：糟糕，＿＿＿＿＿＿＿＿＿＿＿＿。（落）

    A：你记住车号了吗？赶快给出租汽车公司打电话。

7．A：新年快到了，你们学校有什么活动没有？

    B：＿＿＿＿＿＿＿＿＿＿＿＿＿＿＿。（举行）

（四）熟读下列对话并且说明对话者可能是什么人，对话可能是在哪儿、在什么
情况下说的：

1．A：师傅，我的自行车修好了吗？

　　B：修好了。

　　A：您还帮我把车擦了，太谢谢您了。

　　B：不用谢。

2．A：您买什么？

　　B：两斤苹果、三斤葡萄。

　　A：一共十一块五，找您八块五。

　　B：同志，这是七块五，您少找我一块钱。

　　A：实在抱歉，给您钱。

3．A：先生，请问附近有邮局吗？

　　B：有，顺着这条马路一直走，看见路口往东拐，再走二十米就到了。

　　A：谢谢！

　　B：不客气。

4．A：同志，这是您的孩子吗？

　　B：是我的。（对孩子）小宝，你跑到哪儿去了？把我都急死了。

　　　（对 A）真不知怎么感谢您才好。

5．A：大妈，您买菜去了？

　　B：是啊，明天儿子一家都回来，老伴说给他们做点儿好吃的。

　　A：大妈，您一个人拿这么多东西太重了，我帮您拿吧。

　　B：不用了，一会儿电梯就下来了。

　　A：给我吧，反正我手里也没东西。

　　B：那就给你添麻烦了。

　　A：没什么。

（五）根据下面的情景做对话练习：

　　1．你跟朋友约好下午一起去国际展览中心看汽车展，没想到你大学的同学
突然来找你。你给朋友打电话告诉他/她你去不了了并表示歉意。你的朋友答
应周末再和你一起去看展览。

2. 考试以前，你病了一个星期。你的同屋不但每天照顾你，而且还帮你学习汉语，你考试得了 95 分。你向同屋表示感谢。

3. 你的包落在了出租汽车上，你给出租汽车公司打电话。出租汽车公司的工作人员向你询问车号、包的大小、颜色、里边的物品等问题。过了一会儿，他们告诉你包找到了，你向他们表示感谢。

第十课　讨价还价

～～～～～　一、课文　～～～～～

1. 你会砍价吗

　　北京的外国人都喜欢去秀水街,那儿的东西种类多、质量好,价格也还算公道。在挂满五颜六色各式服装的小店里,人们进进出出的,很热闹。这一天,大伟和张勇也来了。

大伟:听说这儿的东西都能讨价还价,是吗?

张勇:对。你会砍价吗?

大伟:我没砍过,怎么砍?

张勇:看我的好了。哎,你看见那几件T恤了吗,觉得怎么样?

大伟:挺好的,我也要一件。

　　　俩人走了过去

张勇:老板,怎么卖?

老板:一件八十八。

张勇:四十一件,怎么样? 我们要两件。

老板:四十? 你想让我赔死呀! 好好瞧瞧,这是真丝的,你当是人造棉哪!

张勇:四十一件! 多一分钱我们都不要!

大伟:就是,我们买两件呢!

老板:不行,我这已经赔本了。

张勇:四十卖不卖? 不卖就算了!

老板:六十五怎么样?

张勇(边走边说):四十。

老板:要不就五十? 四十八? 四十三吧,最低价了。

张勇:不要! 就四十!

老板:算了,四十就四十吧。

2. 怎么卖

在中国生活了一段时间以后,大伟就常常一个人出去买东西了。一天他无意间看到一家批发市场,就走进去随便看看。

摊主:朋友,要点儿什么?

大伟:你这儿有纯棉的袜子吗?

摊主:有的是。看你要什么样儿的?

大伟:要质量好点儿的。

摊主:这种怎么样? 你要多大号的?

大伟:你看我穿多大号的合适?

摊主:(摊主看了看大伟的鞋)给你这种最大号的吧。

大伟:(看了看袜子)小不小?

摊主:不小,这种袜子的弹性很好。

大伟:好吧。多少钱一双?

摊主:八块。

大伟:太贵了。我朋友买的,八块钱两双呢。

摊主:八块钱两双的我这儿也有。(拿出另一种)你看看,这质量一样吗?

大伟:批发的话,怎么卖?

摊主:最少得买一包,六双。

大伟:多少钱?

摊主:三十。

大伟:还是太贵。

摊主:一分钱一分货嘛。

大伟:我到别的摊儿再看看。

摊主:行,我这儿肯定最便宜。欢迎你再来。

3. 我也去试试

回到宿舍,约翰看了大伟买回来的东西,觉得又好又便宜。

约翰:你真会买东西,这都是在哪儿买的?

大伟:一个日用小商品市场。你也想去?

64

约翰：想去是想去,可在那儿买东西是不是都得讨价还价？这我可不行。

大伟：为什么?

约翰：那些小贩说的话有口音,我常常听不懂。

大伟：那怕什么,我也有听不懂的。听不懂就用手比划。

约翰：可有时候费了半天劲儿,也便宜不了几块钱,没意思。

大伟：我不这么想。讨价还价,是真正用汉语和中国人交流。你得和卖主比聪明、比耐心,有时并不只是为了便宜。

约翰：你要这么说,下次我也跟你去试试。

二、生词

1. 讨价还价		tǎo jià huán jià	haggle；bargain
2. 砍价		kǎn jià	bargain
砍	(动)	kǎn	chop
3. 质量	(名)	zhìliàng	quality
4. 公道	(形)	gōngdao	fair
5. 五颜六色		wǔyán liùsè	colorful
6. T恤	(名)	tī-xù	T-Shirt
7. 赔	(动)	péi	suffer(a business loss)
赔本		péi běn	run(a business)at a loss
8. 真丝	(名)	zhēnsī	100% pure silk
9. 当	(动)	dàng	regard as
10. 人造棉	(名)	rénzàomián	staple rayon
11. 摊主	(名)	tānzhǔ	owner of booth
12. 袜子	(名)	wàzi	socks
13. 纯棉	(名)	chúnmián	100% pure cotton
14. 弹性	(名)	tánxìng	elasticity
15. 批发	(动)	pīfā	sell wholesale
16. 小贩	(名)	xiǎofàn	peddler
17. 比划	(动)	bǐhua	gesture
18. 交流	(动)	jiāoliú	communicate
19. 耐心	(名)	nàixīn	patience

专　名

秀水街	Xiùshuǐ Jiē	Xiushui Street – a street of Beijing

三、用法说明

1. **当**：这里的意思是"以为"，表示猜测或估计不符合事实。

   guess/take for. It is used to express the guess or supposition which is different from the reality.

   例：

   （1）甲：我当你回去了，原来还在这儿呢。

   　　乙：唉，都到家了，才发现钥匙落在这儿了。

   （2）甲：听小王说他买车了。

   　　乙：他跟你开玩笑呢，你别当真。

2. **有的是**：强调很多。

   a good many/have plenty of. It is used to emphasize the large quantity.

   例：

   （1）甲：这就是老师说的那种辞典吗？好买吗？

   　　乙：好买。书店里有的是。

   （2）甲：你的汉语这么好，你怎么练的？

   　　乙：我常常找机会和中国人聊天儿。

   　　甲：我怎么没这样的机会？

   　　乙：机会有的是，是你不会找。

3. **一分钱一分货**：这句俗语的意思是质量好的东西比较贵，便宜的东西质量也不会很好。

   It's a slang, which means the higher the price is the better the quality of the merchandise will be.

   例：

   （1）甲：你的鞋挺漂亮，新买的？

   　　乙：哪儿呀，穿了一年多了。

   　　甲：看起来还和新的一样。不便宜吧？

   　　乙：可不，五百多块呢。不过，穿着很舒服。

   　　甲：那当然，一分钱一分货嘛。

   （2）甲：真是一分钱一分货！

   　　乙：怎么了？

   　　甲：我五块钱买了三条毛巾，没几天就都破了。

   　　乙：下次别再买便宜货了。

4. **想去是想去,可……**："A 是 A,但是/可是/不过……",是一种口语句式。
相当于"虽然 A,但是/可是/不过……"。

Colloquial usage. "A is A, but/however/but then..." means "although A, ..."

例:

(1) 甲:今天的作业真多。
    乙:多是多,可都不太难。

(2) 甲:你们玩儿得怎么样? 累吗?
    乙:累是累,但是大家都玩儿得很高兴。

 （二）表达法

1. 表示同意对方的意见 to agree with sb.

对。

行。

是。

是啊。

就是。

说得对。

可不是嘛。/可不是。/可不。/可不嘛。

我同意。

我没意见。

没问题。

2. 不太同意对方的意见 to agree with sb. partially

A 是 A,可是……

你说的有道理,可是……

我不太同意你的意见。

3. 反对对方的意见 to disagree with/oppose to sb.

不。

不行。

你说得不对。

不是这样。

我不这么想。

我不同意。

四、练习

（一）根据课文回答问题：

1. 北京的外国人喜欢去哪儿买东西？为什么？
2. "砍价"是什么意思？谁会砍价？
3. 张勇想花多少钱买一件 T 恤？老板卖多少钱？
4. 老板一共说了几个价？
5. 张勇最后按什么价买的？买了几件？
6. 张勇要是只买一件，四十块钱买得到吗？
7. 大伟想买什么样的袜子？
8. 要是按批发价买，大伟得买多少双？
9. 大伟认为批发价便宜吗？他买了没有？
10. "一分钱一分货"是什么意思？
11. 约翰为什么不去市场买东西？
12. 大伟为什么对讨价还价有兴趣？

（二）根据课文内容完成对话：

1. A：_____？

   B：对，要是会砍，能便宜一半呢。

   A：我不太会砍价，每次买的东西都比别人贵。

   B：_____。

2. A：这种 T 恤四十一件卖不卖？

   B：_____。

   A：怎么会赔呢？别的地方都卖四十。

   B：这样吧，您给四十五怎么样？

   A：_____！

3. A：老板，这种手套多少钱一双？

   B：二十五。

   A：二十卖不卖？

   B：_____。

   A：赔不了本。我买两双。您就便宜点儿吧。

   B：不行，这已经是_____。

4. A：你这儿有拖鞋吗？

   B：_____？

A：要软底儿的。

B：_____?

A：来一双二十五号的吧。

5．A：这种袜子多少钱一双？

B：十块。

A：_____?

B：行,批发价最少得买一包。

A：_____?

B：合八块钱一双。

A：_____。

6．A：你很少去市场买东西,为什么？

B：_____。

A：听不懂就用手比划嘛。

B：_____。

（三）根据所给词语完成对话：

1．A：一斤香蕉五块钱_____。（公道）

B：我这可都是进口的,保管你吃了以后还来我这儿买。

2．A：最近天冷,羽绒服卖得不错吧？

B：不错什么呀,进价太高,_____。（赔）

3．A：原来是你,_____,（当）

B：怎么听不出来是我呢？ 小张出差了。

4．A：小丽,这菜怎么这么甜呀？

B：糟了,_____。（当）

5．A：请问这种葡萄还有吗？

B：_____。（有的是）

（四）熟读下列对话并且说明对话者可能是什么人,对话可能是在哪儿、在什么
情况下说的：

1．A：球赛就要开始了,再不来车就看不到上半场了。

B：就是,我看还是坐出租车吧。

C：坐出租车快是快,可要赶上堵车,司机也没办法。

A：你们看,车来了,快准备上车吧。

2．A：哎,都快十点了,你怎么还不起床？

B：昨天晚上写东西，两点才睡。

A：快起来，吃完饭陪我去家具(furniture)店看看，咱家的沙发该换换了。

B：今天可不行，下午我还得加班(work overtime)呢。

3. A：老张，我看这样吧，看在我们是老客户的面子上，每箱再便宜50块。

B：李总，50块恐怕不行。一箱少算您30块怎么样？

A：我们一次就买两千箱，这可是一笔大买卖呀。

B：您说的是。可我们报的价已经是最低的了，再低就赔本了。

A：那好吧，明天来我们公司签合同(contract)。

B：好，为咱们合作愉快干杯！

4. A：朋友，快来看看衬衫，百分之百真丝的。不买你会后悔(regret)的。

B：您卖的衬衫怎么这么薄呀？

A：薄？这么好的质量你哪儿找去？夏天穿这种衬衫又舒服又凉快。

B：凉快是凉快，可一出汗就贴在身上了。

A：那您可说错了。这种衬衫特别吸汗(absorb sweat)，一点儿都不会往身上贴。

（五）根据下面的情景做对话练习：

1. 练习去服装市场买东西。看谁最会砍价。

2. 你要在家请客。列出你要买的东西的单子，去自由市场以最便宜的价格把东西买回来。以下所列食物名单最少选择三种。

猪肉、鸡肉、牛肉、鱼、虾、土豆、胡萝卜(carrot)、西兰花(broccoli)、葱、姜、蒜

第十一课　咱俩照个合影吧

1. 预订房间

大伟的好朋友迈克想来中国旅行。他打来电话,请大伟为他预订房间。大伟来到西郊宾馆。

服务员甲:您好!

大　　伟:你好!我想为朋友预订一个单人房间,有吗?

服务员甲:什么时候来住?

大　　伟:他这月十五号晚上到,打算住一个星期。

服务员甲:您稍等,我给您查查。

　　　　　(过了一会儿)

　　　　　只有一个空房间了,不过,十五号上午有位客人会退房,可能还有一间。

大　　伟:我可以先看看吗?

服务员甲:可以。(对服务员乙)你带这位先生去看看 1317 房间。1508 现在还有客人,看不了,你就介绍一下儿吧。

服务员乙:(对大伟)请您跟我来。

　　　　　(到了 1317 房间)您看看吧。

大　　伟:(到处看了看)还可以。就是房间小了点儿,光线也有点儿暗。1508 是什么样的?

服务员乙:1508 是朝阳的,光线比较好。它的卧室和这间大小一样,不过浴室比 1317 的还小一点儿,而且 1508 是临街的,没这边安静。

大　　伟:我拿不定主意了,……还是订 1317 吧。

2. 就照原样理吧

订完房间,大伟看了看大厅镜子里自己的样子,觉得该理个发了,就走到了旁边的美容美发厅。一位小姐迎上来给他开门。

小　姐：您好！欢迎光临。

大　伟：你好！我理个发。

小　姐：您这边请，先给您洗洗头吧？

大　伟：好。

小　姐：(给大伟洗完头发)给您做一下儿头部按摩吧？

大　伟：好的。

　　　　(小姐给大伟做完头部按摩，把他引到一把理发椅上)

小　姐：请稍等。

理发员：您想怎么理？要不要染一染？

大　伟：不，不染发，也不要什么特别的发型。就照原来的样子，剪短点儿就行。

理发员：露出耳朵吗？

大　伟：对。

　　　　(剪完头发，理发员拿起一面镜子，让大伟看看后边、左边和右边)

理发员：您看看，行不行？

大　伟：前边这儿不太齐。后边好像还有点儿长，您看能不能再短点儿？

理发员：好的，没问题。

　　　　(一会儿，该吹风了)

　　　　怎么吹？

大　伟：吹吹干就行。

理发员：(吹完之后，又拿起镜子)您再看看。

大　伟：啊，挺好的。谢谢！

3. 麻烦您给我们照张相

大伟的朋友迈克是第一次来北京，觉得什么都很新鲜，所以照了不少照片。

迈　克：大伟，里边还剩一张，咱俩照个合影吧？

大　伟：好。那边过来一个人，就请他帮帮忙吧。

迈　克：(对过路人)您好！可以麻烦您给我们照张相吗？

过路人：好的。你们想怎么照？

大　伟：照半身吧，最好能把学校的名字和后边的楼都照进去。

过路人：好。哟，这相机怎么用呀？

72

迈　克：全自动的,按下快门儿就行了。

照完相,大伟和迈克去冲洗胶卷儿。

大　伟：我们想冲洗五个胶卷儿。
小　姐：好的。您下午四点以后就能来取。
大　伟：没有什么优惠吗?
小　姐：冲洗五个胶卷儿,可以送您五本小相册,或者免费放大五张底片。
大　伟：你想要相册,还是放大照片?
迈　克：随便,怎么都行。
大　伟：要相册吧。
迈　克：行。

二、生词

1.	单	(形)	dān	single
2.	稍	(副)	shāo	slightly;a bit
3.	退房		tuì fáng	check out
4.	光线	(名)	guāngxiàn	light
5.	暗	(形)	àn	dim
6.	卧室	(名)	wòshì	bedroom
7.	浴室	(名)	yùshì	bathroom
8.	朝阳	(动)	cháoyáng	face the sun
9.	临街	(动)	línjiē	near street;frontage
10.	光临	(动)	guānglín	present;come
11.	按摩	(名、动)	ànmó	massage
12.	染	(动)	rǎn	dye
13.	发型	(名)	fàxíng	hairstyle
	型	(名)	xíng	type;model
14.	剪	(动)	jiǎn	cut
15.	露出		lùchū	show up
16.	吹风		chuī fēng	dry with a blower
17.	剩	(动)	shèng	remain
18.	合影	(名)	héyǐng	group photo
		(动)	hé yǐng	take a group photo

73

18. 全自动		quánzìdòng	entirely automatic
20. 快门	（名）	kuàimén	（camera）shutter
21. 优惠	（名）	yōuhuì	privilege
22. 胶卷	（名）	jiāojuǎn	roll film
23. 相册	（名）	xiàngcè	album
24. 免费		miǎn fèi	free
25. 底片	（名）	dǐpiàn	photographic plate；negative

〰〰〰 三、用法说明 〰〰〰

? (一) 词语用法

1. **稍**：表示程度轻或时间短。修饰动词时，动词前边有"一"、"不"或者后边有"一下儿"、"一些"、"一点儿"以及数量词。修饰形容词时，形容词前边有"一"或者后边有"一点儿"、"一些"以及数量词。

   slightly/a little. The common usage is（1）稍 + **verb**. + "一下"、" 一些"、"一点儿"；（2）稍 + **adjective**. + "一点儿"、"一些"；

   例：

   （1）甲：我这是第一次学做汤，尝尝怎么样？

   乙：(尝了尝)嗯，味道不错。

   丙：是不错，不过，再稍放一点儿盐，可能会更好。

   （2）甲(正在挂地图)：帮我看一下儿，挂平了吗？

   乙：左边稍高了一点儿。好，行了。

2. **拿不定主意**：表示不知怎样选择，不能做出决定。

   to hesitate/unable to make the decision. It indicates that the speaker can't make up his mind.

   例：

   甲：下学期你继续在长期班，还是去短期班？

   乙：我拿不定主意。你呢？

   甲：我也还没拿定主意。

   "拿定主意"表示对事情如何处理已经做出了决定。

   have made a decision/made up one's mind about sth.

   例：

   甲：你真的拿定主意了？不跟我们一起去玩儿？

   乙：我得准备考试，你们走吧，我拿定主意了，不去了。

"拿主意" 表示根据实际情况考虑并决定事情怎么处理。

make a decision/make up one's mind according to the situation.

例:

甲:有件大事,非找你商量不可! 你帮我拿个主意。

乙:什么事?

甲:我想向小张求婚。

乙:啊,这事儿,你最好还是自己拿主意。

 （二）表达法

1. 向别人提出建议 to make a suggestion

（用"吧"）

咱们照张合影吧。

咱们去看电影吧。

（用"建议"）

我提一个建议,……。

我有一个建议,……。

我建议……。

（用"还是"）

别去看电影了,还是在家休息吧。

我看还是跟大家一起去吧。

2. 对别人的建议做出回应 to respond to other's suggestion

好。

行。

我赞成。

怎么都行。

算了吧,别……。

算了吧,还是……。

不行。

我不赞成。

四、练习

（一）根据课文回答问题:

1. 大伟的朋友为什么给大伟打电话?

2．迈克什么时候到北京？打算住多长时间？

3．大伟给迈克预订的是什么房间？有几个房间可以选择？

4．大伟为什么只看了一个房间？他看的是哪个房间？

5．看完房间后大伟对什么地方不太满意？

6．1508 号房间有什么优点？有什么缺点？

7．大伟最后订的是哪个房间？

8．大伟是怎么想起要理发的？

9．理发前,理发小姐做了什么？

10．大伟想改变发型吗？

11．迈克相机里的最后一张照的是谁？

12．大伟想把什么照进去？

13．迈克拿的是什么相机？

14．冲洗胶卷儿有什么优惠？

（二）根据课文内容完成对话：

1．A：＿＿＿＿＿＿＿＿＿＿＿＿＿＿＿＿？

B：没有,现在只有双人房间了。

2．A：小姐,我想预订一个双人房间,最好是朝阳的。

B：＿＿＿＿＿＿＿＿＿＿＿＿＿＿＿＿。

（过了一会儿）

对不起,没有朝阳的了。不是朝阳的可以吗？

A：＿＿＿＿＿＿＿＿＿＿＿＿＿＿？

B：可以。(对服务员)请带这位先生去看看 1317 房间。

3．A：您觉得房间怎么样？

B：还可以,＿＿＿＿＿＿＿＿＿＿＿＿。

A：朝阳的房间都是临街的,比较吵。

B：＿＿＿＿＿＿＿＿＿＿＿＿＿＿。

4．A：＿＿＿＿＿＿＿＿＿＿＿＿＿＿。

B：你好。我想做一下美容。

（做完以后）

A：您看怎么样？

B：＿＿＿＿＿＿＿＿＿＿＿＿＿。

5．A：＿＿＿＿＿＿＿＿＿＿＿＿＿？

B：就照原来的样子,剪短点儿就行。

A：＿＿＿＿＿＿＿＿＿＿＿＿＿？

B：后边好像还有点儿长，_____？

A：好的，没问题。

6. A：_____？

　　B：好的。你们想怎么照？

　　A：照半身吧。最好把那块牌子照进去。

　　B：好。对不起，这相机怎么用呀？

　　A：_____。

7. A：您好！欢迎光临。

　　B：_____。

　　A：好的。两天后来取。

　　B：_____？

　　A：免费放大两张 8 寸照片。

（三）根据所给词语完成对话：

1. A：你觉得这件衬衫怎么样？

　　B：_____。（稍）

　　A：我明天去换件小点儿的。

2. A：您好！您订房间吗？

　　B：我一个星期以前预订了一个单人房间。我姓李。

　　A：_____。（稍、查）

3. A：新年你去哪儿？

　　B：_____。（打算）

4. A：小明，快毕业了，你开始找工作了没有？

　　B：妈，您说我去什么单位好呢？

　　A：_____。（拿主意）

　　B：我想听听您的意见。

5. A：你喜欢小张还是喜欢小李？

　　B：_____，我觉得他们俩都不错。（拿定主意）

（四）熟读下列对话并且说明对话者可能是什么人，对话可能是在哪儿、在什么
　　　情况下说的：

1. A：时间过得真快，咱们好几年没见面了。

　　B：可不是。我一毕业就去了海南，今年已经是第五个年头了。

　　A：咱俩难得见上一面，你就在我家吃晚饭吧。

　　B：太麻烦了。咱们还是在外边吃吧。

2. A：明天就是圣诞节了，我建议开个圣诞晚会怎么样？

　　B：好，我赞成。下课以后大家就开始准备。

　　C：那谁扮圣诞老人呢？

　　B：我也拿不定主意，还是大家说说吧。

　　C：我看小张最合适。让他来吧。

3. A：这两种相机的功能差别大吗？

　　B：不太大。就是外形上差得比较多。

　　A：贵500块钱。……我拿不定主意买哪种好。

　　B：我建议您还是买老式的。功能差不多却能省不少钱。

4. A：他的脸怎么这么红，是不是发烧了？

　　B：我正给他试表呢。(拿出来一看)三十八度五。

　　A：发烧了。今天别去上学了。先去医院看看吧。

　　C：可今天有考试，不去怎么行呢？

（五）根据下面的情景做对话练习：

1．你的老板下个星期要去上海开会，你给一家饭店打电话预订房间。

2．练习去理发店理发。

3．向老师或者同学提建议。

第十二课　你喜欢什么

1. 你喜欢什么动物

周末,小丽拉张勇陪她去逛宠物市场,打算买点儿什么送给一个朋友。

小丽:张勇,快来看,这只小黑猫多可爱呀!
张勇:你喜欢猫?
小丽:你不喜欢吗?
张勇:一点儿也不喜欢,又懒又馋的,我对猫没什么好印象。
小丽:那你喜欢什么小动物?
张勇:小狗。我叔叔家有条狗,聪明极了,会找东西,会开门,还会做简单的算术
　　　呢。哪天有空儿我带你去看看。
小丽:还是别带我去吧。我最怕狗了,每次见了都躲得远远的。
张勇:我喜欢狗。
小丽:可我不喜欢,一是觉得它们太凶,二是嫌它们太脏,爱随地大小便。
张勇:你不喜欢狗,我不喜欢猫,那咱们今天买什么?
小丽:还是买只小猫吧,反正我是送朋友的。

2. 我一点儿也不喜欢

张勇回到了家,一进门,看见姐姐张雨正坐在沙发上,一边看书,一边流眼
泪呢。他不知出了什么事儿,赶紧走过去。

张勇:怎么了,姐,出什么事儿了?
张雨:没事儿,我看书呢。
张勇:什么书,这么感动你?
张雨:你不爱看,爱情小说。

79

张勇：是"三角"的还是"四角"的？还研究生毕业呢，怎么爱看这种书呢！

张雨：去，别来烦我。

张勇：又是个爱情悲剧？哭哭啼啼的，你们女孩子就爱看这种东西。

张雨：男孩子就个个都是铁打的，从来不哭？

张勇：那倒不是。不过，男孩子肯定都不爱看这种小说。

张雨：那看什么？

张勇：看武侠小说呀。它不教你流泪，只教你更坚强。

张雨：尽是打打杀杀的，没意思。我一点儿也不喜欢。

3. 什么运动我都喜欢

一天晚上，大伟在校门外的小酒吧里，跟他的几个同学聊天儿。

大伟：我喜欢运动。不管是什么运动，我都喜欢。

山田：你爱打棒球吗？下次来和我们一起玩儿吧。

大伟：棒球我喜欢看，可打得不好。你们都打得很好吧？

山田：松本打得很好，我只是喜欢打，可是打得不好。

大伟：这没关系，喜欢不喜欢是一回事儿，打得好不好是另一回事儿。

松本：上次比赛，我们队就全输在他手里了。

山田：那可不怪我！我说过我不行，是你们偏让我上的。

约翰：下次你们再打，也叫上我吧。

山田：你也爱打？

大伟：他不光爱打，打得还不错呢。

约翰：在英国上大学的时候，我参加过校棒球队。

松本：那你可是专业水平的！我们得好好向你学学。

约翰：可别这么说。我也好长时间不打了。

山田：明天下午咱们就玩儿一场，怎么样？

约翰：明天下午恐怕不行。我现在迷上了中国武术，明天下午我有武术课。

二、生词

1. 宠物	（名）	chǒngwù	pet
2. 馋	（形）	chán	gluttonous；greedy
3. 躲	（动）	duǒ	avoid

4. 凶	（形）	xiōng	fierce；terrible
5. 嫌	（动）	xián	dislike
6. 随地	（副）	suídì	everywhere
7. 眼泪	（名）	yǎnlèi	tears
8. 感动	（动）	gǎndòng	move
9. 研究生	（名）	yánjiūshēng	graduate student；postgraduate
10. 悲剧	（名）	bēijù	tragedy
11. 哭哭啼啼		kūkutítí	weep and wail
12. 铁打的		tiědǎde	（here）strong-minded
13. 武侠小说		wǔxiá xiǎoshuō	swordsman novel
14. 坚强	（形）	jiānqiáng	doughty；firm
15. 棒球	（名）	bàngqiú	baseball
16. 输	（动）	shū	be defeated
17. 偏	（副）	piān	deliberately do the very opposite of wilfully
18. 武术	（名）	wǔshù	wushu；martial arts

三、用法说明

？ （一）词语用法

1. **还……呢**：表示说话人对某人的行为不满，认为这种行为跟他的身份不符。含有责备或讥讽的语气。

It is used to express the speaker's dissatisfaction with sb.'s behavior in the tone of blaming or satirizing.

例：

（1）甲：还大老板呢，连这点儿钱都没有？

乙：真的没有！

（2）甲：他怎么这么没礼貌，还是大学生呢！

乙：可不是么，真不像话。

2. **尽**：意思是"全"、"都"。

entirely/all.

例：

（1）甲：你怎么全身尽是汗？

乙：刚踢了场足球。

（2）甲：别尽说好听的，提点儿意见吧。

乙：没意见，你们做的实在是太好了。

3. **……是一回事儿，……是另一回事儿**：表示前后两件事儿没有因果关系，也可以说："……和……是两回事儿"。

The two matters have no relationship of cause and effect. Also we can say: A and B are two different things.

例：

(1) 甲：你那么喜欢他，干吗不嫁给他？

乙：喜欢是一回事儿，爱是另一回事儿。

(2) 儿子：今天我帮同学写作业，老师批评我了。

父亲：老师怎么说的？

儿子：老师说，帮助同学和帮同学写作业是两回事儿。

4. **偏**：表示故意与他人的要求或客观情况相反。语气坚决。常用在"不"、"要"前边。

go against on purpose others request or objective situation. The common usage is…，偏 + "不"/"要" …… + verb.

例：

(1) 甲：这孩子真让人头疼，你让他做的事，他偏不做。

乙：咳，现在的孩子都这样。

(2) 甲：这衣服你都穿过了，商店不会给你换的。

乙：我不信，我偏要去换。

 （二）表达法

1. 表示对人、物的喜爱 to express one's favor of sth./sb.

我很(非常、特别、最、真)喜欢……。

我爱……。

……太好了(非常好、好极了、好得不得了、好得没法儿说)。

真好(棒、漂亮、聪明、精彩、动人、地道、帅、了不起、有意思)。

2. 表示对人、物的厌恶 to express one's abhorrence to sth./sb.

我不喜欢……。

我嫌……。

我讨厌……。

我受不了……。

我怕……。

……真让人讨厌(让人生气、让人受不了)。

太难看(难闻、糟糕、差劲、坏、不像话)了。

四、练习

（一）根据课文回答问题：

1. 小丽为什么拉张勇逛宠物市场？
2. 张勇为什么不喜欢猫？
3. 小丽怕什么？小丽不喜欢狗的原因是什么？
4. 张勇叔叔家有条什么样的狗？
5. 最后他们买了什么？
6. 张勇回家的时候张雨在做什么？
7. 张勇对爱情小说有什么看法？
8. 张勇爱看什么小说？为什么？
9. 张雨不喜欢什么小说？为什么？
10. 大伟喜欢什么运动？
11. 山田棒球打得怎么样？约翰呢？
12. 约翰明天下午能不能跟山田他们打棒球？为什么？

（二）根据课文内容完成对话：

1. A：你喜欢不喜欢猫？

   B：＿＿＿＿＿＿＿＿＿＿＿＿＿＿。

   A：看来,你对猫的印象不怎么样。

   B：＿＿＿＿＿＿＿＿＿＿＿＿＿＿。

2. A：小丽,我送你条小狗,好不好？

   B：我不喜欢狗,＿＿＿＿＿＿＿＿＿。

   A：那我就送你一只小猫吧。

   B：＿＿＿＿＿＿＿＿＿＿＿＿＿＿。

3. A：你看的是什么书？借我看看可以吗？

   B：＿＿＿＿＿＿＿＿＿＿＿＿＿＿。

   A：又是爱情小说,真没意思。

   B：＿＿＿＿＿＿＿＿＿＿＿＿＿＿？

   A：武侠小说。

4. A：你喜欢运动吗？

   B：＿＿＿＿＿＿＿＿＿＿＿＿＿＿。

   A：听说你爱打乒乓球。

   B：＿＿＿＿＿＿＿＿＿＿＿＿＿＿。

5. A：今天的篮球比赛你打得可不怎么样？

    B：_____。

    A：你不是说你很喜欢篮球吗？

    B：_____。

（三）根据所给词语完成对话：

1. A：他们班的学生怎么了？_____。（又……又……）

    B：一定是赢了校棒球队了。

2. A：你最近怎么不戴眼镜了？

    B：_____。（嫌）

3. A：小王好不容易来咱家一趟，你怎么不留他在家吃晚饭呢？

    B：_____。（偏）

4. A：糟糕，前面修路过不去，我们还得绕回去。

    B：都怪你，_____。（偏）

    A：要是不修路，小路比大路快多了。

5. A：红队的八号今天踢得可不怎么样。

    B：_____。（还……呢）

    A：怪不得国家队这两年的成绩总不好。

6. A：我喜欢养狗，不喜欢养猫。

    B：为什么？小猫不是挺可爱的吗？

    A：_____。（尽）

7. A：小李最近忙什么呢？怎么总看不见他？

    B：_____。（迷）

（四）熟读下列对话并且说明对话者可能是什么人，对话可能是在哪儿、在什么
    情况下说的：

1. A：今天看的电影怎么样？

    B：不错，我特别喜欢那个女主角。

    A：你就是喜欢漂亮的女演员。墙上尽是她们的剧照（drama photos）。

    B：她一点儿也不漂亮，可演得棒极了。

2. A：小芳，你尝尝我做的这个菜怎么样？我们家小明最爱吃这个菜了。

    B：伯母，您做的菜真好吃。您是怎么做的？

    A：不难。一会儿我给你抄个菜谱，以后你就可以给小明做了。

B：可我最不喜欢做饭了，在家从来都没做过。

3．A：大张，今天怎么来得这么早？

B：我换了辆新车，好开极了，稍一加速车就"飞"起来了。

A：你最好慢点儿开，现在路况（the traffic）多复杂啊。

B：我就喜欢开快车，过瘾。

A：你们这些年轻人就爱找刺激（get a high），出了事儿后悔就晚了。

4．A：你一天到晚坐在电视机前，有什么好看的，快去写作业。

B：别关，等我把这个电视剧看完就去写作业。

A：那个男歌星有什么了不起的？你又是买他的 CD 又是参加他的歌迷会。

B：他不但歌唱得好而且戏演得也好。我们班女生都喜欢他。

（五）根据下面的情景做对话练习：

1．你喜欢养宠物，而且已经养了好几年了，把它当成自己家的一员。可你的同学不喜欢，他/她觉得养宠物太脏、费时间、容易传染（infect）疾病等。你们在养宠物问题上看法不一致，互相向对方发表自己的看法。全班同学都可参加这个讨论。

2．和你的同学各自讲述一部看过的电影，并说明喜欢或不喜欢的理由。（可评述故事情节、导演水平、演员的演技等）

第十三课 您过奖了

～～～～～ 一、课文 ～～～～～

1. 他跟谁都处得来

大伟和张勇常常互帮互学,他们觉得这样对提高口语水平很有帮助。

大伟:你见过我的同屋约翰吗?

张勇:是不是前几天和你一起在食堂吃饭的那位? 个子高高的,戴眼镜儿。

大伟:对,是他。他想找一个语伴儿,像咱俩这样,一起练习口语。

张勇:他是哪国人?

大伟:英国人。

张勇:有很多人愿意和英国人练口语,他怎么会没语伴儿呢?

大伟:他有过两个,一个太忙,另一个又住得很远,现在都不来了。所以约翰想请你帮他找一个,最好是你的同学。

张勇:我问问我们班班长吧。他学习好,人也开朗、直爽,爱交朋友。

大伟:约翰人也很好,他待人很和气,脾气好,跟谁都处得来。不像我,是个急性子,爱着急。

张勇:你是个急性子? 我怎么没看出来?

大伟:那是你没仔细观察。有本书上说,想知道一个人是不是急性子,只要看看他等人时的样子就行了。

张勇:是吗? 这我倒是第一次听说。

2. 您过奖了

小丽暑假的时候做了几天导游,在她带的那个导游团里,有位会说点儿普通话的老华侨——张老太太非常喜欢小丽。

老华侨:吴小姐,这几天辛苦你了。

小　丽：没什么,都是我应该做的。

老华侨：你是个很出色的导游,英语说得很地道,服务又热情又周到。

小　丽：您过奖了。我做得还很不够,请多提意见。

老华侨：没意见,没意见。

小　丽：您的普通话说得不错呀。

老华侨：哪里,有很多话都忘了怎么说了。

小　丽：您这是第一次回来吗?

老华侨：不,已经是第三次了。北京的变化真大啊!

小　丽：可不是嘛。现在的新建筑、新线路很多,连我有时候也会迷路呢。

老华侨：是啊。不过,有些老北京的景观看不到了,心里也有点儿遗憾啊。

3．简直跟真的一样

　　旅游团来到一家购物中心,张老太太请小丽帮她挑些礼物,好回去送给亲友。

老华侨：吴小姐,我想先给我的儿子买件东西,买什么好呢?

小　丽：我看这个唐三彩马不错,造型古朴,寓意也好。

老华侨："马到成功",对吗? 好,就买这个。儿媳妇呢? 上次我送给她两块儿丝绸,她喜欢得不得了。这次我想不出来再给她买点儿什么好。

小　丽：您看,那幅双面绣怎么样?

老华侨：啊,这是"双猫戏球"。这两只小猫多可爱呀,简直跟真的一样。就买这个吧,她喜欢猫。

小　丽：给小孙子、小孙女买什么呢?

老华侨：他们的东西好买,我来以前就已经跟我说好了。小孙子要一只风筝,小孙女想要一套景泰蓝的手镯和项链儿。

～～～～ 二、生词 ～～～～

1. 开朗	（形）	kāilǎng	optimistic；cheerful
2. 直爽	（形）	zhíshuǎng	frank
3. 和气	（形）	héqi	amiable
4. 脾气	（名）	píqi	temperament
5. 急性子	（名）	jíxìngzi	of impatient disposition；impetuous

6. 观察	（动）	guānchá	observe
7. 过奖	（动）	guòjiǎng	overpraise（self-depreciatory expression）
8. 出色	（形）	chūsè	excellent
9. 周到	（形）	zhōudào	thoughtful
10. 景观	（名）	jǐngguān	scene；landscape
11. 好	（助动）	hǎo	so that
12. 唐三彩	（名）	tángsāncǎi	tri-colored glazed pottery of the Tang Dynasty
13. 造型	（名）	zàoxíng	model；shape
14. 古朴	（形）	gǔpǔ	simple and unsophisticated
15. 寓意	（名）	yùyì	implied meaning
16. 丝绸	（名）	sīchóu	silk cloth；silk
17. 双面绣	（名）	shuāngmiànxiù	double-faced embroidery
18. 风筝	（名）	fēngzheng	kite
19. 景泰蓝	（名）	jǐngtàilán	*cloisonné* enamel
20. 手镯	（名）	shǒuzhuó	bracelet
21. 项链	（名）	xiàngliàn	necklace

三、用法说明

（一）词语用法

1. **处**：与人交往或者跟别人一起生活。"处得来"的意思是在交往中或在共同生活中相互关系很好。"处"的后面可以带名词宾语或补语。

   socialize with others or **get along** with sb . "处得来" means get along with sb . very well . The common usage is "处" + object（noun）or complement .

   例：
   （1）甲：他和女朋友的关系怎么样？
   　　　乙：他们一直处得很好。
   （2）甲：他怎么又跟人吵架了？
   　　　乙：没办法,他跟谁都处不好。

2. **出来**："出来"用在动词后,除表示动作由里向外的意思以外,还表示完成、实现、显露、辨认等意思。

   It is used to express the meaning of from inside to outside , and **verb .** + 出来 also express **to finish/realize/identify** , etc .

88

例:

(1) 甲:这是四十多年前的照片,你认得出来哪个是我吗?

　　乙:认得出来,是前排左边第三个。

(2) 甲:能不能从他那儿打听出点儿消息来?

　　乙:恐怕很难。

3. **好**:助动词,意思是"可以"、"以便"。用在后一个小句中,表示前一个小句中动作的目的。

for the sake of/in order to. It is used in the latter sentence to express the purpose of the action mentioned in the former sentence.

例:

(1) 甲:你给我几个硬币吧。

　　乙:干什么?

　　甲:打电话的时候好用。

(2) 请你留个电话,到时候我好通知你。

4. **马到成功**:意思是战马一到就取胜。多指工作或事情很快就成功。

a Chinese idiom. The original meaning is gaining an immediate victory as soon as the war-horse arrives. Now it means an instant success.

例:

甲:祝你们工作顺利,马到成功。

乙:谢谢!

 (二)表达法

1. 称赞某人或某物 the way to praise sb. or sth.

好

棒

出色

了不起

好看

漂亮

帅

精彩

可爱

2. 回答别人对自己的赞美 the way to reply sb.'s praise

谢谢。

您过奖了。

不敢当。

哪里,还差得远呢。

谢谢您的鼓励。

都是我应该做的。

四、练习

(一)根据课文回答问题:

1. 大伟和张勇觉得怎样做对提高口语有帮助?

2. 大伟的同屋叫什么名字?是哪国人?长什么样?

3. 约翰以前有过几个语伴儿?为什么不来了?

4. 约翰是个什么样的人?大伟的脾气怎么样?

5. 张勇想把谁介绍给约翰当语伴儿?为什么?

6. 小丽暑假里做了什么工作?她做得怎么样?为什么这么说?

7. 老华侨以前回来过几次?

8. 老华侨遗憾什么?

9. 老华侨都要给谁买礼物?她都买了什么礼物?

(二)根据课文内容完成对话:

1. A:你同屋长什么样?

   B:＿＿＿＿＿＿＿＿＿＿＿＿＿＿＿＿＿。

   A:噢,我知道了,就是前几天和你一起在食堂吃饭的那位。

2. A:我同屋想找一个语伴儿,你能不能帮他介绍一个?

   B:＿＿＿＿＿＿＿＿＿＿＿＿＿＿＿＿＿?

   A:英国人。

   B:我认识的英国学生都有语伴儿,他怎么还没有呢?

   A:＿＿＿＿＿＿＿＿＿＿＿＿＿＿＿＿＿。

3. A:你觉得约翰这个人怎么样?

   B:＿＿＿＿＿＿＿＿＿＿＿。你们班长呢?

   A:＿＿＿＿＿＿＿＿＿＿＿＿＿＿。

4. A:我是个急性子,遇见什么事都爱着急。

   B:＿＿＿＿＿＿＿＿＿＿＿＿＿＿＿＿?

   A:那是你没仔细观察。

5. A:小张,辛苦你了。

   B:＿＿＿＿＿＿＿＿＿＿＿＿＿＿＿。

   A:你们的服务又热情又周到,帮了我们不少的忙。

   B:＿＿＿＿＿＿＿＿＿＿＿＿＿＿＿。

6. A：您的普通话说得不错。

   B：＿＿＿＿＿＿＿＿＿＿＿＿＿＿＿＿＿＿。

   A：＿＿＿＿＿＿＿＿＿＿＿＿＿＿＿＿＿？

   B：第三次了。

7. A：＿＿＿＿＿＿＿＿＿＿＿＿＿＿＿＿？

   B：我看这幅双面绣不错,这两只小猫多可爱呀,简直跟真的一样。

   A：好,＿＿＿＿＿＿＿＿＿＿＿＿＿＿＿。

（三）根据所给词语完成对话：

1. A：你看那只小猫眼睛的颜色不一样。

   B：可不是,刚才我怎么没看出来?

   A：＿＿＿＿＿＿＿＿＿＿＿＿＿＿＿＿＿。（观察）

2. A：你汉语说得真不错,简直跟中国人一样。

   B：＿＿＿＿＿＿＿＿＿＿＿＿＿＿＿＿。（过奖）

3. A：＿＿＿＿＿＿＿＿＿＿＿,一点儿口音都听不出来。（地道）

   B：哪里,还差得远呢。

4. A：你有同屋吗?

   B：有。

   A：你们的关系怎么样?

   B：＿＿＿＿＿＿＿＿＿＿＿＿＿＿＿＿。（处）

5. A：丽丽,你买的这件衣服有毛病,前边短,后边长。

   B：是吗?＿＿＿＿＿＿＿＿＿＿＿＿＿＿＿。（出来）

6. A：这是我们的毕业照,你看哪个是我?

   B：从左边数第二个。

   A：＿＿＿＿＿＿＿＿＿＿＿＿＿＿＿＿＿?（出来）

   B：每次照相你都闭眼。

7. A：我把行李都收拾好了,你帮我看看,还缺什么?

   B：带把伞吧,＿＿＿＿＿＿＿＿＿＿＿＿＿。（好）

（四）熟读下列对话并且说明对话者可能是什么人,对话可能是在哪儿、在什么情况下说的：

1. A：小王,你开车开了多长时间了?

   B：刚两个月,我还是个新手。

   A：真看不出来,你开得挺稳的。

2．A：几比几了？

　　B：1 比 0。对方守门员（goalkeeper）真厉害，好几个球都被他扑出来了。

　　A：我看这次还得输。

　　B：现在还很难说。

3．A：昨天晚上去哪儿了？往家里打了几次电话都没人接，手机也没开。

　　B：跟我女朋友看电影去了，最新的国产片。

　　A：拍得怎么样？

　　B：别提多棒了，我觉得是这两年里拍得最好的一部电影。

4．A：欢迎！欢迎！

　　B：可以参观一下儿吗？

　　A：当然可以，请随便看吧。

　　B：布置得真漂亮。

　　A：谢谢！

　　B：房间都是朝阳的。光线好，也暖和，这是最理想的一套了。

（五）根据下面的情景做对话练习：

　　1．你给别人介绍你的好朋友。（称赞他/她脾气好，对人热情，爱帮助人，学习努力等等）

　　2．你去一个中国人家做客。（主人夸你的汉语好，你夸主人的家漂亮，饭做得好吃等等）

第十四课　我劝您别抽烟了

1. 把烟戒了吧

张勇的妈妈回到家,看见丈夫又在抽烟呢。张勇的爸爸有心脏病和高血压,不能抽烟,可是他的烟瘾很大,常常忍不住想抽。

张母:别抽了,掐了吧!
张父:我刚抽上,就让我把这根抽完了吧。
张母:不行! 你不要命了?
张父:一根,就抽完这一根,还不行吗?
张母:不行!
张勇:爸抽起烟来,就跟烟筒一样。
张父:烟筒? 儿子,你也太夸张了!
张母:你一根接着一根,弄得满屋子都是烟雾,不是烟筒是什么?
张雨:爸,我也劝您把烟戒了吧,别抽了,抽烟对您的身体不好。
张父:可不抽烟,我实在太难受了。
张雨:给您戒烟糖吧。我新买的,听说很有效。
张父:不吃,吃糖我牙疼。
张雨:爸,这烟,您真的不能再抽了。戒了吧!

2. 你别不听劝

张勇的全家在一起吃晚饭,张雨连主食都没吃,只吃了几口蔬菜就说吃饱了。

张母:怎么了,不舒服还是不好吃?
张勇:妈,这您还不明白,肯定又是减肥呢!

张雨：就你多嘴。

张母：小雨，我说你好好的，减什么肥呀？

张雨：妈，夏天快到了，胖了连衣服都没法儿穿。您就别管了。

张母：我怎么能不管呢？你这样下去，会把身体弄坏的。

张雨：可胖了不好也是您说的。上次您还劝楼下的李伯伯，要注意节食，别太胖了，胖了容易得病。

张母：你是真不懂还是装不懂，李伯伯那么胖，你能跟他比吗？

张勇：妈，您劝我姐没用，得劝李放。肯定是男朋友喜欢苗条，她才这么拼命节食的。

张雨：行了，吃你的吧。

张母：小雨，你别不听劝。

张雨：不是我不听劝，可是现在哪个姑娘不怕胖啊。

张母：(对丈夫)你也说说她呀。

张父：说也没用，随她去吧。

3. 你千万要想开点儿

张勇的妈妈常参加一些公益活动。这天她到"生活帮助热线"值班，刚上了一会儿班，就已经接了两个电话了。听，电话又响了。

张母：你好，这里是生活帮助热线。

姑娘：你好，我有很多话要说，可不知道该怎么说。

张母：随便说吧，就像和朋友聊天一样，想说什么就说什么。

姑娘：我很痛苦，我不知道该怎么办，我想死。

张母：别急，有话慢慢说。

姑娘：我和男朋友恋爱三年了，可他现在要娶的新娘不是我。

张母：他没说为什么吗？

姑娘：没有。他躲着我，不见我。我不知道他为什么要这样对我。他太狠心了！

张母：你还爱他，是吗？

姑娘：我不知道。

张母：你很了解他吗？

姑娘：以前我觉得我了解他，可现在……

张母：你千万要想开点儿，这么一个你并不真正了解的人，就是他求你嫁给他，你还要考虑考虑呢。怎么能为他轻生呢？

姑娘：我……我觉得自己在爱情上太失败了。

张母：失败了可以再来，可生命只有一次，我们都要好好珍惜啊！

二、生词

1. 心脏病	（名）	xīnzàngbìng	heart disease
2. 高血压	（名）	gāoxuèyā	hypertension
3. 瘾	（名）	yǐn	addiction；strong interest
4. 掐	（动）	qiā	quench
5. 烟筒	（名）	yāntong	chimney
6. 夸张	（形）	kuāzhāng	exaggerate
7. 烟雾	（名）	yānwù	smoke
8. 戒	（动）	jiè	abstain from
9. 有效	（形）	yǒuxiào	in effect
10. 管	（动）	guǎn	discipline；take care of
11. 节食	（动）	jiéshí	go on a diet
12. 装	（动）	zhuāng	pretend
13. 苗条	（形）	miáotiao	slim
14. 拼命		pīn mìng	at full split
15. 公益	（名）	gōngyì	commonweal
16. 热线	（名）	rèxiàn	hot-line
17. 值班		zhí bān	be on duty
18. 娶	（动）	qǔ	marry（a woman）
19. 狠心		hěn xīn	heartless
20. 嫁	（动）	jià	marry（a man）
21. 轻生	（动）	qīngshēng	commit suicide
22. 珍惜	（动）	zhēnxī	cherish

三、用法说明

？ （一）词语用法

1. **多嘴**：意思是"不该说话却说话"，多用来禁阻、指责某人在不恰当的时候说不该说的话。

   speak out of turn. It is commonly used to prohibit or blame sb.'s wrong words at the wrong time.

例：

甲：就你多嘴，谁让你把我离婚的事儿告诉我父母的？

乙：真对不起，我不知道你还没告诉他们。

2．**吃你的吧**：张雨这句话的言外之意是让张勇"别管别人的事"。

　　Here it means **not to intervene in other's business**.

例：

甲：爸爸，你怎么才回来？

乙：做你的作业吧，大人的事儿，小孩子别问。

3．**就是……还……**：这里的"就是"表示让步关系，相当于"即使"，还经常跟"也"等副词搭配。

　　"就是"means **even if／although**．"就是"＋"也"constitutes a concessive clause（让步从句）。

例：

甲：他俩是双胞胎？

乙：可不，就是他们的亲戚有时也搞错。

 （二）表达法

1．劝告别人 the ways to advise sb. to do sth.

我劝你早点儿把烟戒了。

你最好去医院检查检查。

你还是别告诉他吧。

你应该多出去散散步。

少喝点儿酒。

我劝你……。

2．安慰别人 the ways to comfort sb.

这没什么。

想开点儿吧。

这不是你的错。

失败了也没关系。

不要灰心。

别发愁。

别着急，会好的。

不用担心。

用不着伤心。

丢了就算了，旧的不去新的不来。

3．劝阻某人做某事 the ways to stop sb. from doing sth.

骑自行车不能带人。

请不要大声说话。

这里不让抽烟。

〰〰〰〰〰 四、练习 〰〰〰〰〰

（一）根据课文回答问题：

1. 张父身体怎么样？
2. 张母在什么方面对张父管得很严？
3. 张勇和张雨对爸爸抽烟有什么看法？
4. 张雨想怎样帮助爸爸戒烟？
5. 张父想不想戒烟？从哪儿可以看出来？
6. 张雨为什么要减肥？
7. 张母为什么要管张雨减肥的事？
8. 张母为什么劝李伯伯减肥？
9. 张勇觉得姐姐减肥的原因是什么？
10. 张父管不管女儿减肥的事？
11. 什么是公益活动？
12. 张母在"生活帮助热线"值班的时候,遇到了一件什么事？
13. 张母是怎么劝那位姑娘的？

（二）根据课文内容完成对话：

1. A：_____？
   B：我刚抽上,就被你看见了。
   A：_____。
   B：可不抽烟,我实在受不了。
2. A：老张烟抽得太凶了。
   B：可不是,_____。
   A：烟筒？你也太夸张了。
   B：_____。
3. A：我决定从明天开始减肥。
   B：_____？
   A：夏天快到了,胖了穿衣服不好看。
   B：_____。

4．A：你一点儿也不胖，为什么还要减肥？

　　B：_____。

　　A：要是把身体弄坏了，可没人管你。

5．A：你好，生活热线。我有很多话要说，可不知道该怎么说。

　　B：_____。

　　A：我丈夫有了外遇，我非常痛苦，不知道该怎么办。

　　B：_____。

（三）根据所给词语完成对话：

1．A：小明，都八点了，你怎么还不做作业？

　　B：_____。（管）

2．A：你好长时间没给我往单位打电话了。

　　B：现在打不了了。我们公司来了一位新老板，规定在公司不能打私人电话。

　　A：_____。（管、严）

　　B：不过，我可以给你发 E－mail，你把你的地址告诉我好吗？

　　A：好。

3．A：小林，我也想减肥，能不能告诉我什么办法好？

　　B：你一点儿都不胖，减什么肥啊？

　　A：你没看出来吗？我比以前胖多了。

　　B：_____，我怎么没看出来。（夸张）

4．A：医生，我的病碍事不碍事？

　　B：没有大问题。可是_____。（戒）

　　A：烟不让抽，酒不让喝，活着还有什么意思？

5．A：我最近晚上常常睡不着觉。

　　B：我教你一个办法，睡觉前你听听轻音乐。

　　A：_____？（有效）

　　B：我觉得挺有用的。

6．A：几点了？你怎么才回来？

　　B：_____。（动＋你的……吧）

7．A：老李，你可得减肥了，胖了容易得病。

　　B：我减不下去。_____。（就是……也）

　　A：不吃饭不行，你应该喝减肥茶。

　　B：_____。（就是……也）

（四）熟读下列对话并且说明对话者可能是什么人，对话可能是在哪儿、在什么情况下说的：

1. A：小明，吃饭了，快把桌子摆好。

   B：今天晚上吃什么？有没有红烧肉？

   C：小明，医生不是说了吗，太胖了对身体不好。你应该少吃点儿肉。

   B：抽烟也对身体不好，您怎么还抽啊？

   A：光知道说孩子，你还是早点儿把烟戒了吧。

2. A：老王，这几天怎么没出来下棋呀？

   B：感冒了，在床上躺了好几天。

   A：你应该每天到外边锻炼锻炼。

   B：冬天太冷，等天暖和了再说吧。

3. A：最近你怎么总躲（avoid）着我？

   B：公司破产（go bankrupt）了，我现在什么都没有了。

   A：别灰心，失败了也没关系，可以再来。

4. A：我得走了，今天考试可不能迟到。

   B：外边雪下得挺大，你就别骑自行车了。

   A：没关系，我慢点儿骑，您就放心（set one's mind at rest）吧。

（五）根据下面的情景做对话练习：

1. 你的好朋友刚和恋人分手，你劝他/她不要太难过。

2. 你同屋最近咳嗽得很厉害，吃药也没用，你劝他戒烟。

3. 你的女朋友不胖，可她一直在减肥，你劝她不要减肥了，并告诉她你不喜欢太瘦的女孩儿。

4. 你们要考试了，你劝你朋友少玩点儿，多用点儿时间复习。

第十五课　怎么会这样呢

一、课文

1. 真是没想到

HSK 考试的成绩发下来后,有的人满意,有的人不满意。一向学习很好的韩国姑娘金淑惠这次却没考好。

约翰:大伟,你考了几级?

大伟:六级。你呢?

约翰:才四级。

大伟:没有你估计的好吧?

约翰:不,我一点儿也不意外。阅读理解那部分,我有好多都看不懂,综合填空也有很多不会的。你知道吗? 金淑惠也是四级,她难过极了。

大伟:怎么会呢? 她学习那么好。

约翰:可不是嘛,按她的水平,拿六七级应该没问题的。

大伟:真遗憾。是不是出了什么事儿?

约翰:她的男朋友最近跟她吹了。

大伟:噢,是这样。她男朋友是不是六班那个又高又帅的小伙子?

约翰:对,就是他。金淑惠都打算带他去见父母了,可现在,唉!

大伟:你怎么知道得这么清楚?

约翰:她是玛丽的同屋,玛丽是我的女朋友!

大伟:玛丽? 是不是那个法国姑娘,爱打篮球、高高的个子、一头金发?

约翰:对。

2. 谁也预料不到

张雨现在一家电脑公司工作。有一天,她打开电脑,发现辛辛苦苦搞的一个设计,突然没有了。

张雨:这是怎么回事儿?我做的东西怎么突然不见了?

同事:你查查是不是有病毒了?

张雨:真糟糕!

同事:这种事儿我也遇到过,上次我辛苦了一个多月,结果全白干了。

张雨:白干倒没什么,这可是下周就得交客户的。天哪,这可怎么办啊?

同事:这是个意外,谁也预料不到的。

张雨:本来想下个月可以轻松轻松了,这下没戏了。

同事:你也别太紧张了,做过一遍的,应该还有印象。

张雨:可我不知道问题出在哪儿。万一再发生意外,我可怎么交待呢?

同事:对了,我新认识了个朋友,是个电脑通,要不请他来帮你看看?

张雨:那太好了!快,你现在就帮我打电话吧。

同事:好,我马上就打。

　　　(一会儿)

　　　张雨,电话打通了。他说白天没时间,问你晚上行不行?

张雨:行,越快越好。

同事:那就今天晚上八点,在这儿?

张雨:行,太谢谢你了!

3. 怎么是你

　　那位同事请来的朋友原来是张雨的中学同学。

张雨:吴铭!怎么是你?

吴铭:张雨?我没认错吧?

张雨:没错,是我。这么多年没见了,你居然一点儿也没变。

吴铭:你也没怎么变。不过,比以前更漂亮了。

张雨:吴铭,你怎么也学会说奉承话了?

吴铭:你的嘴还是那么厉害。这么多年不见,你还好吗?

张雨:挺好的。你呢,怎么样?

吴铭:还好,就是太忙。怎么,你的电脑出什么问题了?

张雨:我做的东西突然丢了。我的同事说,你是个电脑高手。

吴铭:哪里,我只是喜欢电脑,又爱给人帮忙。

张雨:我可就指望你了。你忙完了,我请你吃饭,怎么样?

吴铭：老同学了，客气什么。（指着张雨桌上的一张照片）这是你男朋友？

张雨：是，他叫李放，是电讯公司的。

吴铭：我认识！

张雨：真的？这世界真是太小了。

二、生词

1. 发	（动）	fā	deliver
2. 一向	（副）	yíxiàng	all along; consistently
3. 意外	（形）	yìwài	unexpected
4. 综合	（动）	zōnghé	synthesize
5. 填空		tián kòng	fill in the blanks
6. 吹	（动）	chuī	say goodbye
7. 帅	（形）	shuài	handsome
8. 设计	（名）	shèjì	design
9. 病毒	（名）	bìngdú	virus
10. 客户	（名）	kèhù	client
11. 预料	（动）	yùliào	anticipate
12. 出	（动）	chū	come forth
13. 交待	（动）	jiāodài	explain
14. 通	（名、动）	tōng	on expert on sth.; know sth. well
15. 居然	（副）	jūrán	unexpectedly
16. 奉承话	（名）	fèngchenghuà	blarney
17. 厉害	（形）	lìhai	sharp tone
18. 高手	（名）	gāoshǒu	master-hand
19. 指望	（动、名）	zhǐwàng	count on; prospect
20. 电讯	（名）	diànxùn	telecommunication

三、用法说明

? （一）词语用法

1. **一向**：表示某种行为、状态或情况从过去到说话的时候一直这样，保持不变，相当于"从来"，但"从来"多用于否定句，"一向"在肯定句、否定句中都用。

    always/all along. It could be used in both positive and negative sentences, but

"从来"（always） often used in negative sentences.

例：

(1) 甲：这孩子一向都很懂事，这回可是太糊涂了。

　　乙：就是啊，怎么能离家出走呢？

(2) 甲：昨天大家都玩儿得很高兴。

　　乙：是啊，连一向不爱说话的小王，也又说又笑的。

2. **是不是那个法国姑娘，爱打篮球、个子高高的、一头金发？** 口语中通常没有长定语句，书面语中的长定语句在口语中常常要改变句式，把定语后移。

In spoken Chinese, the long attributive phrase that is used in written Chinese will often be put back.

例：

(1) 这本小说我看过，很有趣。

(2) 他买了一本书，缺一页。

3. **居然：** 副词，表示出乎意料。指本来不应该发生的事发生了，或者本来不可能发生的事发生了，或者本来不容易做到的事做到了。

(adv.) **unexpectedly.** It is used to express the surprise at someting that happened unexpectedly.

例：

(1) 甲：才两年没见，他居然不认识我了！

　　乙：这不怪人家，是你自己的变化太大了。

(2) 甲：这么大的声音，你居然没听见？

　　乙：真的没听见。

(3) 甲：他本来是个急性子，这次居然没着急。

　　乙：是啊，他变了。

 （二）表达法

表示意外 to express one's surprise at something that happened unexpectedly

……太突然了。

……居然/竟然……。

没想到……。

谁知道/哪知道……。

本来想……现在不行了。

怎么搞的？

怎么会这样？

太巧了！

真不巧！

~~~~~~~~ 四、练习 ~~~~~~~~

（一）根据课文回答问题：

1. 学生们参加的是什么考试？
2. 约翰考了几级？他感到意外吗？为什么？
3. 谁的成绩跟约翰一样？
4. 金淑惠没考好，大家感到意外吗？为什么？
5. 金淑惠没考好的原因是什么？
6. 金淑惠的同屋跟约翰是什么关系？
7. 玛丽是哪国人？长什么样？有什么爱好？
8. 张雨在什么单位工作？她是做什么工作的？
9. 张雨遇到了什么倒霉的事？她为什么那么着急？
10. 张雨的同事认为问题出在哪儿？他给张雨出了个什么主意？
11. 张雨的同事给张雨请来个什么人？张雨为什么认识他？
12. 张雨的男朋友叫什么名字？在哪儿工作？吴铭认识他吗？

（二）根据课文内容完成对话：

1. A：_____？

   B：六级。你呢？

   A：_____。

   B：没有你估计的好吧？

   A：_____。

2. A：听说金淑惠只考了四级，她难过极了。

   B：_____。

   A：可不是嘛，大家都以为她能拿八级呢。

   B：_____？

   A：她的男朋友最近跟她分手了。

3. A：约翰，金淑惠告诉我她的同屋是你的女朋友，是吗？

   B：是，她叫玛丽。

   A：_____？

   B：对，是她。

4. A：_____？

104

B：你查查是不是有病毒了？

A：_____。

B：你这几天就算白干了。

A：白干倒没什么，可下周就得交给客户。我可怎么办啊？

B：_____。

5．A：电脑出问题了，可我不知道问题出在哪儿？你能不能帮我想想办法？

B：_____。

A：快，快请他来帮帮忙。

B：_____。

6．A：吴铭！怎么是你？

B：_____。

A：你也没怎么变。

B：_____？

A：挺好的。你呢？怎么样？

B：_____。

7．A：我做了一个多月的东西突然丢了。_____。

B：哪里，别听他瞎吹。

A：_____？

B：老同学啦，客气什么。

（三）根据所给词语完成对话：

1．A：都十点半了，小王怎么还不来？

B：_____。（一向）

2．A：你怎么整天坐在屋子里打电脑？应该出去运动一下儿。

B：_____。（一向）

3．A：经理看了你的设计没有？

B：看了，可他否定了我的方案。_____。（白）

A：谁都遇见过这样的事，_____。（认）

4．A：小李，你找我有事吗？

B：_____。（出）

A：好的。（过了一会）这是一种新的电脑病毒，我这儿有一张刚买的杀毒盘，你用它杀杀毒吧。

B：太谢谢你了。

5．A：小王跟男朋友好了三年了，可没想到他们最近分手了。

B：_____。（预料）

6. A：你着什么急吗？六点半走也不晚。

   B：＿＿＿＿＿＿＿＿＿＿＿＿＿＿＿＿＿。（万一）

7. A：＿＿＿＿＿＿＿＿＿＿＿＿＿＿＿＿＿。（居然）

   B：他也常常叫错我的名字。

（四）熟读下列对话并且说明对话者可能是什么人,对话可能是在哪儿、在什么情况下说的：

1. A：你还记得王钢吗？

   B：当然记得。他不是我们高中时的同班同学吗？

   A：没想到,他现在居然成了一名作家。

2. A：我出去办点儿事,能不能把你的自行车借我用一下？

   B：我的车丢了。

   A：怎么丢的？

   B：嗨,别提了,我刚换了一把锁,没想到小偷居然把它打开了。

3. A：张雨！

   B：李芳！没想到在这儿遇见了你。

   A：我也没想到。几年不见,你还是这么漂亮。

   B：你瘦多了。要不是你喊我,我简直都认不出来了。

4. A：你听说了吗？老张被解雇(to be fired)了。

   B：怎么会这样？昨天总经理还说要提升他当部门经理呢。

   A：谁都没想到总经理会做出这样的决定。

5. A：暑假你去哪儿旅行？

   B：本来打算去四川、西藏,可现在去不了了。我姐姐结婚,我得回国参加她的婚礼。

   A：太巧了,我姐姐暑假也结婚。

   B：那你也得回国了？

   A：不用,他们要在中国举行婚礼,我未来的姐夫是北京人。

（五）根据下面的情景做对话练习：

1. 你在路上突然遇见了多年没见的老朋友,你们两个人都感到意外的惊喜。

2.你约你的网友见面,没想到他/她居然是你的好朋友。因为你们在网上都用的是假名字。

3.你最喜欢的一本书前几天不见了,没想到昨天你打扫房间的时候找到了那本书。你把这件事讲给你同屋听。

第十六课　太不像话了

～～～～～～　一、课文　～～～～～～

1. 这太不像话了

山田发现,这两个星期大伟上课的时候总是无精打采的,觉得很奇怪。

山田:大伟,最近怎么了? 上课的时候好像没精神。

大伟:咳,别提了! 自从我们来了新邻居,我晚上就没怎么睡好过。

山田:怎么了?

约翰:我们的新邻居,总爱开晚会。又是唱歌又是跳舞,常常闹到夜里两三点。

大伟:约翰还好,他睡觉不怕吵。可我不行,他们一吵我就睡不着。真是没办法。

山田:你们没跟他说说吗?

大伟:说了,可是没用。这种人太不自觉。

山田:这太不像话了。你们没有宿舍管理员吗? 找管理员反映反映。

大伟:反映过了。管理员说过他们两次,可他们还是照样。

山田:这么下去怎么行呢?

大伟:今天下了课,我们还得去找管理员。要么让他们搬家,要么我们搬走。

2. 太不公平了

张雨心情不好,同事陪她在"时光咖啡屋"喝咖啡。

同事:你明明比王天飞到公司早,能力也比他强,可偏偏提他,不提你。什么事儿嘛!

张雨:算了,他们爱怎么样就怎么样吧。

同事:真不知道公司的那些头头儿们是怎么想的。

张雨:人家是领导,想怎么决定就怎么决定,咱们能怎么样。

同事：太不公平了。

张雨：唉,生气、发牢骚有什么用呢?该干的活儿不是还得照样儿干。

同事：你总是这么好说话,我要是你,就去问问他们为什么。

张雨：还用问嘛!王天飞的父亲跟公司的头儿有交情,他又是个男的。

同事：男的怎么了,我们又不比他们干得少。

张雨：现在哪个公司想要女的啊?

同事：当女人可真难,还是当个男人好。老说男女平等,可提升职务的时候怎么就不平等了呢?

张雨：算了吧,不说它了。咱们说点儿高兴的事儿。

3.都怪你

　　张勇的爸爸、妈妈想利用"五一"节去内蒙古旅行,看看大草原。到了火车站,要进站了,张勇的爸爸却找不到车票了,于是,东翻西找起来。

张母：找什么呢?把东西都翻乱了。

张父：票呢?我找不到火车票了。

张母：怎么搞的?出门的时候,我还问你带了没有,你说带好了。

张父：我是带了,怎么突然找不着了呢?

张母：真拿你没办法,东西总是随手乱放。

张父：别唠叨了,你都把我吵糊涂了。

张母：我没怪你,你倒怪起我来了?是我把你吵糊涂的?你本来就糊里糊涂的。

张父：想起来了,我把票夹在火车时刻表里了。

张母：那火车时刻表呢?

张父：在你的手提包里。

张母：(打开手提包)哪儿呢?

张父：你看,不是在这儿吗?

张母：都怪你!急得我出了一身汗。

二、生词

1. 无精打采		wú jīng dǎ cǎi	listless; in low spirits
2. 精神	(名)	jīngshen	spirits
3. 自觉	(形)	zìjué	consciolls; aware of

109

4. 管理员	（名）	guǎnlǐyuán	manager
5. 反映	（动）	fǎnyìng	report
6. 照样	（副）	zhàoyàng	as before
7. 忍	（动）	rěn	tolerate
8. 心情	（名）	xīnqíng	mood
9. 提升	（动）	tíshēng	promote
提	（动）	tí	promote
10. 公平	（形）	gōngpíng	fair
11. 发牢骚		fā láosāo	grumble
12. 好说话		hǎo shuōhuà	open to persuasion
13. 交情	（名）	jiāoqing	friendship
14. 平等	（形）	píngděng	equal
15. 职务	（名）	zhíwù	post
16. 东翻西找		dōng fān xī zhǎo	seek everywhere
翻	（动）	fān	search；turn over
17. 随手	（副）	suíshǒu	conveniently
18. 唠叨	（动）	láodao	chatter
19. 糊涂	（形）	hútu	muddled；confused
20. 夹	（动）	jiā	put...in...
21. 汗	（名）	hàn	sweat

〰〰〰〰 三、用法说明 〰〰〰〰

? （一）词语用法

1. **别提了**：常常用来表示劝止或引出下面的话。

 no need to mention it. It is always used to stop sb. from doing sth. or introducing the following words.

例：

（1）甲：真对不起，昨天我以为……

 乙：算了，这点儿小事儿，别提了。

（2）甲：你跟小王谈了吗？

 乙：别提他了，提起他我就生气。

2. **照样**：表示仍然，不改变。

 as before, all the same.

例：

(1) 甲：张老师不来，我们照样上课。

　　乙：那怎么上？

　　甲：王老师给我们上啊。

(2) 甲：张勇是个非常努力的学生。

　　乙：你怎么知道？

　　甲：你看他发着烧，今天还照样去上课。

3. **要么……要么……**：表示在两种情况或两种事物之间的选择，意思是"或者……或者……"。

(conj.) **or, either...or....** It is used when making the choice between two things or conditions.

例：

(1) 甲：我们该怎么办？

　　乙：要么走，要么留下，今天必须决定！

(2) 甲：要么你来，要么我去，我们得面谈一次。

　　乙：还是我去你那儿吧。

4. **明明**：副词，表示事实明显，情况确实。带"明明"的小句，常与其他反问句或表示转折的小句连用。

(adv.) **obviously, plainly.** It is used to indicate that the fact is evident. This kind of sentence is often used with a rhetorical question.

例：

(1) 甲：客人为什么不满意？

　　乙：房间里明明很干净，可是他还嫌脏。

(2) 甲：为什么问我？你明明知道那天我不在。

　　乙：是吗，我记不清了。

 （二）表达法

表达不满、抱怨、批评 to express one's dissatisfaction and criticism

有什么办法呢。

真叫人没办法。

真倒霉。

真是的。

怎么搞的。

不像话。

岂有此理。

四、练习

（一）根据课文回答问题：

1. 大伟最近怎么了？
2. 大伟的新邻居喜欢做什么？
3. 约翰晚上能不能睡着觉？为什么？
4. 大伟说他的邻居"太不自觉"是什么意思？
5. 宿舍的管理员知道不知道这件事？管理员做了什么？结果怎么样？
6. 同事为什么陪张雨去"时光咖啡屋"喝咖啡？
7. 张雨心情不好的原因是什么？
8. 张雨对领导的做法满意不满意？怎么知道的？
9. 同事为什么说张雨好说话？什么叫"好说话"？
10. 领导为什么会提升王天飞？
11. 现在的社会男女真正平等吗？
12. 张勇的父母要去哪儿旅行？
13. 张父忘带火车票了吗？
14. 最后火车票是在哪儿找到的？

（二）根据课文内容完成对话：

1. A：＿＿＿＿＿＿＿＿＿＿＿＿，干什么事儿总是无精打采的？

   B：＿＿＿＿＿＿＿＿＿＿＿女朋友跟我分手了。

2. A：小张，你最近脸色看起来不太好。

   B：＿＿＿＿＿＿＿＿＿＿＿＿＿＿。

   A：你的新邻居是不是特别爱热闹？

   B：＿＿＿＿＿＿＿＿＿＿＿＿＿＿。

3. A：管理员，住在我们隔壁的那个人昨天夜里又闹到两三点。您能不能跟他说说？

   B：＿＿＿＿＿＿＿＿＿＿＿＿＿＿。

4. A：约翰，你去哪儿？怎么一脸不高兴？

   B：我去找管理员。我的那个邻居太不自觉了，＿＿＿＿＿＿＿＿。

5. A：我最近晚上总睡不着觉，一想起儿子的对象就生气。

   B：李大姐，您管得太多了，＿＿＿＿＿＿＿＿＿＿＿＿＿＿。

6. A：你明明比王天飞到公司早，能力也比他强，可公司偏偏提他，太不公平了。

   B：＿＿＿＿＿＿＿＿＿＿＿＿＿＿。

112

7. A：老说要男女平等，可提升的全是男的，我们女的干得再好也没用。

   B：_____。

8. A：_____？

   B：找笔呢。刚才我还看见了，怎么突然找不着了。

   A：_____。

（三）根据所给词语完成对话：

1. A：_____？（无精打采）

   B：没什么，可能是因为天气太热了吧。

2. A：最近我房间里的空调出毛病了。

   B：_____。（反映）

3. A：今天是星期六，小王怎么还没空儿？

   B：_____。（照样）

   A：他的工作可真辛苦。

4. A：妈，怎么还不吃饭？我都快饿死了。

   B：_____，等你爸回来一块儿吃。（忍）

5. A：大卫，我借给你的那本书呢？

   B：_____？（明明）

6. A：你找到张勇了吗？

   B：_____。（偏偏）

（四）熟读下列对话并且说明对话者可能是什么人，对话可能是在哪儿、在什么情况下说的：

1. A：我刚把屋子打扫完，怎么又弄乱了？真叫人没有办法。

   B：我找游戏卡（game disc）呢。

   A：你上星期不是借给同学了吗？

   B：啊，我忘了。

2. A：你太不像话了，每次约会都迟到。

   B：对不起，可公司加班我也没办法。

   A：你最好换个工作。

   B：公司马上要提升我了，我怎么能走呢？

3. A：我们家老张一天到晚就知道工作，回家就像做客似的。

   B：我们家老刘倒是总在家闲着，可根本帮不上忙。

A：我觉得你家老刘够能干的。现在退休了也该休息休息了。

4．A：我回来了。

B：今天怎么这么晚？

A：遇上堵车，有什么办法呢。

B：现在的交通真成问题。要是街上的自行车都换成汽车就好了。

A：那污染(pollution)就更严重了，人人出门都得戴口罩。

（五）根据下面的情景做对话练习：

1．你的邻居常常半夜回来，回来后又把录音机声音开得很大，吵得你睡不好觉。你跟宿舍管理员抱怨(complain)。

2．你不爱打扫房间，东西到处乱放，你妻子/丈夫责怪你，你找出各种理由向她/他解释。

3．你到了一个新地方还不习惯，你在电话里向朋友抱怨。（天气、环境、住处、饭菜等等）

第十七课　生活中什么最重要

1. 我可不当家庭妇女

张雨的男朋友李放是个大忙人。下了班也有很多应酬,还三天两头出差,张雨常常见不着他的面。今天好不容易约到他一起吃晚饭。

张雨:你心里只有工作,根本就没有我!

李放:瞎说什么呀。我这么拼命工作,还不都是为了你。

张雨:为我?我要见你一面多难啊!

李放:别急嘛。等我挣够了钱,就换一份儿轻松点儿的工作。

张雨:钱挣到什么时候才算够呢?要不,现在就换吧,只要我们俩能天天在一起。

李放:我是个男人,得能给妻子一个舒服的家,以后还得让咱们的孩子受最好的教育。

张雨:这些我们可以一起来做呀,你不用这么辛苦的。

李放:你前两天不是还埋怨公司没提你吗?有我挣钱,你就可以不受这种气,也不用天天上下班那么累了。

张雨:你的意思是结婚以后,我就不工作了?

李放:不工作不好吗?

张雨:那可不行!我可不当家庭妇女。

2. 该快点儿嫁人了

刘慧是张雨的好朋友,年纪轻轻,就已经是个小有名气的设计师了。她刚买了一套房子,高兴地请张雨来玩儿。

张雨:这房子好大,好漂亮!刘慧,你真能干!

刘慧:小时候家里穷,房子又小又挤,所以我早就梦想能挣钱买一套大房子。

张雨：现在房子有了，就别再当单身贵族了，该快点儿嫁人了！

刘慧：干吗非要嫁人？我自己挣钱自己花，想干什么就干什么，多好。

张雨：别瞎说。生活又不只是挣钱和花钱。

刘慧：可看看我那些结了婚的朋友，今天这个吵架，明天那个离婚。有什么意思？

张雨：一个人生活就有意思了？连个说话的人都没有，多寂寞呀！

刘慧：你以为有了丈夫就不寂寞了，他要是不陪你，你还不照样？

张雨：你真的要独身一辈子？

刘慧：别担心！不是说婚姻像座围城嘛，里边的人想出来，外边的人想进去。

张雨：想结婚还不快找？

刘慧：找什么？你以为这是找东西呢，那么容易。

张雨：我给你介绍一个吧。

刘慧：再说吧。来，尝尝今年的新茶。

3. 生活中什么最重要

　　最近张勇的父母参加了电视台的"实话实说"节目，这期节目讨论的是：生活中什么最重要？

主　持　人：大家好！我们这期节目的话题是"生活中什么最重要"。大家想说什么就说什么。谁先说？

一位小伙子：我先说。我这个人最爱说实话，不怕大家批评，我认为，现代社会钱最重要。国家没钱不行，咱个人没钱也不行。现在很多人不都说嘛，有什么别有病，没什么别没钱。确实是这样，没有钱你就什么也做不成。

一　位　商　人：可有钱也不一定什么都做得成。以前我的想法和这位小伙子一样，我拼命工作，拼命挣钱。现在我有钱了，可是并不快乐，一点儿也不快乐。其实，有钱没钱并不重要，是不是快乐才最重要。

一　位　姑　娘：我认为找一个好丈夫最重要。俗话说：做得好不如嫁得好。

一位中年妇女：我看不见得，女人不能只靠丈夫。

主　持　人：这位老同志，请谈谈您的看法。

张　　　父：还是让夫人说吧。

张　　　母：在我的生活中"爱"是最重要的，爱自己、爱家人、爱朋友、爱每一个需要我帮助的人。如果我们的心里装满爱，没钱也会觉得富有，病了也会乐观。我认为这样活一辈子才有意义。

116

1. 应酬	（名）	yìngchou	social engagement
2. 三天两头		sān tiān liǎng tóu	almost everyday
3. 瞎说	（动）	xiāshuō	talk groundlessly or irresponsibly
4. 挣	（动）	zhèng	earn
5. 辛苦	（形）	xīnkǔ	hard
6. 埋怨	（动）	mányuàn	complain
7. 设计师	（名）	shèjìshī	designer
8. 单身	（名）	dānshēn	single
9. 贵族	（名）	guìzú	noble
10. 梦想	（名）	mèngxiǎng	dream
11. 寂寞	（形）	jìmò	lonely
12. 独身	（动）	dúshēn	live alone; be single
13. 一辈子	（名）	yíbèizi	all one's life
14. 婚姻	（名）	hūnyīn	marriage
15. 实话实说		shíhuà shíshuō	tell truth(a talk show of CCTV）
16. 话题	（名）	huàtí	topic
17. 批评	（动）	pīpíng	criticize
18. 俗话	（名）	súhuà	common saying
19. 富有	（形）	fùyǒu	wealthy
20. 乐观	（形）	lèguān	optimistic

三、用法说明

? （一）词语用法

1. **好不容易**：也说"好容易"。表示"很不容易"才做到某件事。常与"才"连用，表述已完成的或已有结果的动作行为。

   好不容易 is the same as "好容易", meaning with a great difficulty or having a hard time（doing sth.）The common usage is **好不容易**/"好容易"＋"才".

   例：

   (1) 甲：你好不容易才来一次，多聊会儿吧。

   　　乙：过两天我再来，今天时间不早了。

   (2) 甲：好容易找到他的家，可他偏偏出差了。

乙：这该怪你没提前约好。

2. **根本**：副词，从头到尾，完全。多用在否定句中。

（adverb.） **at all or actually.** It's often used in the negative sentences.

例：

（1）甲：你根本就没去过那儿，怎么知道那儿的情况呢？

乙：听别人说的。

（2）甲：天气预报说今天零下一度。

乙：可今天根本不冷。

3. **小有名气**：这里的"小"是"稍微"的意思，有时也说"小小地"。"小有名气"就是"稍微有些名气"。

Some what **well-known.** Here "小" means a little.

例：

甲：听说你那位同学都上电视了。

乙：可不是，她现在已经是小有名气的画家了。

4. **非**：也说"非……不可"、"非……才……"，有"一定"的意思。这里表示必要性、必然性。另外，还可以表示坚强的决心和强烈的愿望。

have to/by all means. It is used here to express the inevitability/necessity. In addition, it also expresses the strong determination and desire.

例：

（1）甲：你想请一个星期假？那非得总经理同意才行。

乙：他已经同意了。

（2）甲：这孩子，不让他去，他非去！

乙：现在的孩子，都不听话。

5. **连……都……**：这是一种强调格式，这里"连"有"甚至"的意思，常与副词"也、还"连用，也说"连……也（还）……"，用来举出极端事物，说明极端情况如此，那一般情况更该如此。

It's a way to emphasize. Here "连" means **even.** The common usage, "连" + "也、还"expresses the extremeness of something.

例：

（1）甲：你吃完早饭了吗？

乙：刚起来，连牙还没刷呢。（意思是：当然还没吃早饭。）

（2）甲：你了解张勇吗？

乙：不了解，我们连话也没说过。（意思是：当然不了解。）

（3）甲：刚来中国的时候，我连一句汉语也不会说。

乙：我也是。

6. **没钱也会觉得富有, 病了也会乐观**: 意思是: "就是(即使)没钱也会觉得富有, 就是(即使)有病也会乐观"。在口语中, 由于有语境、语调的帮助, 连词常常被省略, 句与句之间只靠语义连接, 即意合。

In spoken Chinese, the conjunction is often omitted according to the specific context.

例:

(1) 甲: 你怎么没去看电影?

乙: 忙, 走不开。(因为忙, 所以走不开。)

(2) 甲: 字写大点儿, 小了看不清。(如果字写得小, 就会看不清。)

乙: 知道了。

 (二) 表达法

表达自己的看法 the ways to express one's opinion

我看……。

我觉得……。

我认为……。

我想……。

我的意思是……。

我的看法是……。

我不认为……。

我看不一定……。

我看不见得……。

我不这样认为。

我同意……的看法。

四、练习

(一) 根据课文回答问题:

1. 张雨常常跟男朋友见面吗? 为什么?

2. 李放为什么拼命工作?

3. 张雨对男朋友的要求是什么?

4. 李放想做一个什么样的男人?

5. 张雨愿不愿意做个家庭妇女?

6. 你对妇女婚后仍然工作有什么看法?

7. 刘慧是什么人?

8. 刘慧的梦想是什么？

   9. 刘慧为什么不想结婚？

   10. 刘慧对婚姻有什么看法？

   11. 张勇的父母参加了电视台的什么节目？这期节目的话题是什么？

   12. 小伙子的观点是什么？

   13. 那个商人认为生活中什么最重要？为什么？

   14. 那位姑娘的观点是什么？中年妇女同意不同意？

   15. 张父张母的观点是什么？

（二）根据课文内容完成对话：

   1. A：_____。

   B：你怎么能这么说呢？我从早到晚地工作，还不都是为了你。

   A：为我？可你连跟我见面的时间都没有。

   B：_____。

   2. A：请问，你为什么愿意做这种工作？

   B：我想多挣一些钱。

   A：_____？

   B：我是男人，得给妻子一个舒服的家，让孩子受最好的教育。

   3. A：我挣的钱够养活你的了，你不用天天上下班那么累了。

   B：_____。

   A：不工作不好吗？

   B：_____。

   4. A：刘慧，你一个人住，干吗买这么大的房子？

   B：_____。

   A：现在房子有了，就别当单身贵族了，该快点儿嫁人了。

   B：_____。

   5. A：你说生活中什么最重要？

   B：_____。

   A：可有了钱也不一定什么都做得成。

   6. A：你觉得生活中什么最重要？

   B：_____。

   A：我完全同意你的看法。

（三）根据所给词语完成对话：

   1. A：老张的工作真够忙的了。

B：可不是，_____。（连……也……）

2．A：张阿姨，我把您的杂志取回来了。

　　B：_____。（辛苦）

　　A：没什么。

3．A：时间不早了，我该回去了。

　　B：_____。（好不容易）

　　A：不了，我改天再来。

4．A：这本书你是在哪儿买到的？

　　B：_____。（好不容易）

5．A：请你给我们介绍一下儿广州的情况。

　　B：_____。（根本）

　　A：对不起，我记错人了。

6．A：小明，别看了，去打保龄球怎么样？

　　B：不行，_____。（非……不可）

（四）熟读下列对话并且说明对话者可能是什么人，对话可能是在哪儿、在什么情况下说的：

1．A：你认为住在市区好还是住在郊区好？

　　B：我喜欢住在市区。交通方便，各种设施（facility）齐全，娱乐（entertainment）场所也多。

　　A：我觉得还是住在郊区好。虽然交通不太便利，不过污染少，空气新鲜，也比较安静。

2．A：小明，你怎么还在听音乐？该看书了。

　　B：您就知道让我看书，光看书不见得是好学生。

　　A：明年就要高考了，不抓紧时间看书能考上大学吗？

　　B：会休息的人才会学习。

3．A：晚上一起去网吧，好不好？

　　B：我知道你又要跟网上女友谈情说爱去。

　　A：我觉得网上谈恋爱挺好的，想说什么就说什么。

　　B：我不同意你的看法。连面都没见过，怎么能知道对方是个什么样的人呢？

4．A：今天节目的话题是"你觉得什么是幸福"。

B：我觉得有钱就是幸福，有钱就有了一切。

C：有钱不一定幸福。我认为幸福就是一种快乐的感觉。

D：我同意这位女士的看法。

（五）根据下面的情景做对话练习：

1. 你和同学们分成正方、反方辩论（debate）下面的题目：

（1）家庭妇女也是一种职业

（2）发展汽车工业一定会带来环境污染问题

第十八课　祝你幸福

1. 祝贺你

张雨从一家服装店出来,听见有人喊她的名字,她转过头去一看,原来是大学同学刘芳。

刘芳：真没想到,在这儿碰见你了,真是太巧了!
张雨：是啊,我们都好几年没见面了。你好吗?
刘芳：还可以。你呢?
张雨：现在我在一家电脑公司工作。听说你去了深圳?
刘芳：我是前年去的。在那儿跟朋友合资开了一家公司,发展得还可以。
张雨：祝贺你了!
刘芳：谢谢!
张雨：前两天,小李还向我打听你的情况呢。她说一直都没有你的消息。
刘芳：我听说小李大学毕业以后当了记者,干得相当不错。
张雨：她现在是上海一家报社的记者。上个星期回北京结的婚,婚礼可热闹啦。
　　　很多同学都来向他们表示祝贺。
刘芳：我没赶上参加她的婚礼。不过可以给她打个电话,祝她幸福。

2. 给爸爸妈妈的礼物

张雨正在房间里看书,张勇走了进来。

张勇：姐,你知道下个星期六是什么日子吗?
张雨：什么日子?
张勇：你怎么连这么重要的日子都忘了呢?
张雨：跟你开个玩笑。我怎么会忘了呢? 下个星期六是爸爸妈妈结婚三十周年
　　　纪念日。

123

张勇：原来你想着呢。

张雨：我记得清清楚楚。为了祝贺爸妈结婚三十周年，我还特意准备了一份贺礼呢。

张勇：是什么？快给我看看，我正为礼物的事儿发愁呢，不知道该怎么为他们庆祝？

张雨从包里拿出两张机票递给张勇。

张勇：机票？

张雨：爸爸、妈妈一直都很忙，我想让他们趁放假好好休息休息。

张勇：这个主意太棒了。姐，机票就算咱俩买的吧？我打工挣的钱够买一张机票了。

张雨：你还是留着自己用吧。

张勇：不，我要和你一起送这份礼物，也表示一下儿我的心意。

二、生词

1. 幸福	（名）	xìngfú	happiness
2. 相逢	（动）	xiāngféng	come across
3. 转	（动）	zhuǎn	turn round
4. 合资	（动）	hézī	joint capital
5. 开	（动）	kāi	establish（a company）
6. 消息	（名）	xiāoxi	message
7. 相当	（副）	xiāngdāng	rather
8. 报社	（名）	bàoshè	newspaper office
9. 婚礼	（名）	hūnlǐ	wedding
10. 开玩笑		kāi wánxiào	joke
11. 周年	（名）	zhōunián	anniversary
12. 贺礼	（名）	hèlǐ	gift
13. 发愁		fā chóu	anxious；worry
14. 算	（动）	suàn	regard as
15. 打工		dǎ gōng	work（for boss）
16. 留	（动）	liú	keep with；remain

专　名

1. 深圳	Shēnzhèn	Shenzhen, a city of China
2. 上海	Shànghǎi	Shanghai, a city of China

124

三、用法说明

（一）词语用法

1. **原来₁**：表示说话人发现了以前不知道的情况，含有突然明白的意思。

formerly/originally. It indicates that the speaker became aware of the fact suddenly.

例：

(1) 甲：张老师来了，我想去问他几个问题。

乙：哦，原来他就是张老师呀。

(2) 甲：我是 1999 年北大毕业的。

乙：原来你也是北大的，那咱们是校友啦。

2. **相当**：表示程度高。

quite/very.

例：

(1) 甲：北京的冬天冷吗？

乙：相当冷，不穿大衣不行。

(2) 甲：你认识约翰吗？

乙：认识，我们俩相当熟。

3. **赶**：加快行动，使不误时间。

hurry through, to finish sth. quickly on schedule.

例：

(1) 甲：你们忙什么呢？

乙：下星期汉语节目表演，我们赶着练呢。

(2) 甲：看电影前，你能把作业赶出来吗？

乙：恐怕不行。

4. **算**：动词，认做，当做。

（verb.）**agree to take something as...**

例：

(1) 甲：我买两斤苹果。

乙：就这些了，两斤多呢，算你两斤吧。

(2) 甲：这菜怎么样？辣不辣？

乙：不算辣，我们那儿的人也爱吃辣的。

（二）表达法

向别人表示祝愿 the ways to express one's wish to others

新年(春节、圣诞、生日)快乐！

祝您(你们)幸福(健康、长寿、进步、成功、一路顺风)！

祝贺你(你们)！

向……表示祝贺！

~~~~~~~~ 四、练习 ~~~~~~~~

（一）根据课文回答问题：

    1. 张雨去哪儿了？

    2. 张雨从店里出来遇见了谁？

    3. 张雨和刘芳常常见面吗？

    4. 张雨现在在哪儿工作？

    5. 刘芳现在在哪儿工作？她是什么时候去的？

    6. 刘芳做什么工作？

    7. 谁上个星期结婚了？她是做什么的？

    8. 下个星期六是什么日子？

    9. 张雨为爸爸妈妈准备了什么礼物？

  10. 张勇的礼物是什么？

（二）根据课文内容完成对话：

    1. A：_____。

       B：可不是，咱们已经好几年没见面了。你好吗？

       A：_____。

    2. A：我听说你在一家旅行社工作。

       B：_____。

    3. A：你是什么时候去深圳的？

       B：_____。

       A：你在深圳做什么工作？

       B：_____。

    4. A：你有没有小李的消息？

       B：_____。

    5. A：_____？

       B：我当然知道了，是爸妈结婚三十周年纪念日。

126

6. A：明天是儿子的生日，你准备礼物了没有？

B：糟糕，我把他的生日给忘了。

A：＿＿＿＿＿＿＿＿＿＿＿＿＿＿＿？

B：我跟你开个玩笑，我怎么会忘了呢？你看，我早把礼物买好了。

7. A：姐，你给爸妈准备的礼物呢？

B：在这儿。

A：两张机票？

B：＿＿＿＿＿＿＿＿＿＿＿＿＿＿＿。

A：这个主意太棒了。

（三）根据所给词语完成对话：

1. A：你现在做什么呢？

B：＿＿＿＿＿＿＿＿＿＿＿＿＿＿＿。（开）

2. A：你在深圳住了几年了？

B：五六年了。

A：你觉得那儿怎么样？

B：＿＿＿＿＿＿＿＿＿＿＿＿＿＿＿。（发展）

3. A：刘经理，我昨天交给您的设计图，您看过了没有？

B：＿＿＿＿＿＿＿＿＿＿＿＿＿＿＿。（相当）

A：这么说，您通过了。太谢谢您了！

4. A：小李寄来了请柬，请咱们这星期六参加她的婚礼。

B：我明天到外地出差，下星期二才能回来，＿＿＿＿＿＿＿＿＿。（赶）

5. A：＿＿＿＿＿＿＿＿＿＿＿＿＿＿＿？（算）

B：我也说不好，是浅绿色吧。

6. A：来，我给你们介绍一下，这位是……

B：吴铭。

C：张雨。

A：＿＿＿＿＿＿＿＿＿＿＿＿＿＿＿。（原来）

7. A：我想给孩子找个家庭英语老师。

B：＿＿＿＿＿＿＿＿＿＿＿＿＿＿＿。（不光）

（四）熟读下列对话并且说明对话者可能是什么人，对话可能是在哪儿、在什么情况下说的：

1.　　A：小张、小李，这是我们的礼物，祝你们新婚幸福！白头到老！

B 和 C：谢谢大家。

D：我提议为新郎、新娘的幸福干杯！

大家：干杯！

2. A：今天你怎么这么高兴？有什么喜事说出来给大家听听。

B：我接到清华大学的录取（admit）通知书了。

A：祝贺你，终于实现了自己的理想。

C：你到了北京，可别忘了我们这些老同学。

B：哪能呢。

3. A：李老师，春节好！

B：春节好！

A：我们代表全班同学给您拜年，祝你和家人身体健康！万事如意！

B：我也祝你们学习进步！心想事成！

4. A：张强。

B：李放。好久没见了，你还在那家公司工作吗？

A：对。

C：张强已经是我们的经理了。

B：恭喜！恭喜！

A：谢谢。

（五）根据下面的情景做对话练习：

1. 你的同学过生日，你向他/她表示祝贺。

2. 你参加朋友的婚礼，你向新娘、新郎表示祝贺。

3. 你的好朋友找到了一份非常好的工作，你向他/她表示祝贺。

第十九课　你暑假打算做什么

1. 暑假你有什么打算

　　暑假快到了,大伟、张勇、小丽正在一起谈暑假的打算。

小丽:大伟,暑假你有什么打算?

大伟:原来我打算一放假就回国,不过前两天我妈妈来电话,说她要来中国旅
　　　行,让我在北京等她。

小丽:那你就不回国了吧?

大伟:当然不回了。考完试后,我先在北京陪我妈妈一个星期,然后去新疆旅
　　　行。你们俩暑假有什么计划?

张勇:我已经报名参加大学生环境保护考察团了,去三个星期,回来以后还要写
　　　一份调查报告。

大伟:小丽,你也一起去吗?

小丽:我去不了,我要回老家。我都好几年没去看爷爷奶奶了,很想念他们。

2. 我们打算结婚

　　一个周末的晚上,小雨和爸爸、妈妈正在一起看电视。

妈妈:这个台的恋爱、婚姻节目搞得不错。

爸爸:又是电视红娘,又是登报征婚,现在的年轻人,找对象的形式可真多。

妈妈:对了,小雨,你也不小了,你们俩准备什么时候结婚哪?

小雨:我跟小李商量过了,我们打算明年"五一"结婚,不知你们有什么意见?

爸爸:我们能有什么意见? 高兴还来不及呢。

妈妈:小雨,爸爸妈妈不会干涉你们。不过结婚也是一件大事,你们有没有个
　　　计划?

小雨：我们打算参加电视台举办的集体婚礼。你们也在电视上看到了,那么多新郎、新娘一起植树,我们觉得种一棵树作为结婚纪念,挺有意义的。

爸爸：这个想法不错,也算为环保事业做一件好事,我们当然支持啦。

3．想买一套房子

小雨又跟爸爸、妈妈谈起了婚后的计划。

小雨：我跟李放想买一套房子。

妈妈：小李的父母不是希望你们跟他们住在一起吗?

小雨：年轻人的生活习惯跟老年人的不一样,住在一起不太方便。

爸爸：不住在一起可以,但你们一定要孝敬父母,有空儿常回家看看。

小雨：我跟李放已经想好了,有了房就买车,到节假日我们会常回家看看的。

妈妈：你们的钱够不够?用不用家里帮助?

小雨：不用。这几年,我们俩都攒了一些钱,再从银行贷一部分就够了。

妈妈：你们打算买哪儿的房?

小丽：我们已经看过几处了。有一处离两家都不太远,房子也不错。我们决定买下来。

二、生词

1. 报名		bào míng	sign up; enter one's name for
2. 环境	（名）	huánjìng	environment
3. 保护	（动）	bǎohù	protect
4. 考察团	（名）	kǎochátuán	investigation（or observation）group
5. 老家	（名）	lǎojiā	hometown
6. 台	（名）	tái	channel
7. 幸运	（形）	xìngyùn	lucky
8. 红娘	（名）	hóngniáng	marriage broker; marriage matcher
9. 登	（动）	dēng	address; publish
10. 征婚		zhēng hūn	ask for a marriage
11. 形式	（名）	xíngshì	form
12. 干涉	（动）	gānshè	interfere
13. 集体	（动）	jítǐ	group

130

14. 植树		zhí shù	plant tree
15. 种	（动）	zhòng	plant
16. 事业	（名）	shìyè	cause
17. 支持	（动）	zhīchí	support
18. 孝敬	（动）	xiàojìng	show filial respect to（one's elders）
19. 攒	（动）	zǎn	save money
20. 贷	（动）	dài	loan

专　名

新疆		Xīnjiāng	the Xinjiang Uygur Autonomous Region

~~~~~~~~ **三、用法说明** ~~~~~~~~

?　（一）词语用法

1. **原来₂**:形容词,起初、原先的意思。

（adjective.）**in the beginning/originally.**

例:

(1) 甲:这一大片草地真漂亮。

乙:是啊,原来这儿可是又脏又臭的垃圾场。

(2) 甲:你还住在原来的地方吗?

乙:不,我早搬家了。

2. **又是……又是……**:列举几种情况,以说明某项事实。

It is used to describe the situation that several things existed at the same time.

例:

(1) 甲:瞧你这桌子上,又是报纸、又是书、又是杂志的,收拾收拾吧。

乙:我马上就收拾。

(2) 甲:现在山本的学习比以前努力多了。

乙:可不,每天又是听录音、又是写汉字,连课间也不休息。

3. **我们能有什么意见,高兴还来不及呢**:意思是"我们没有意见,我们很高兴。"在"……,……还来不及呢"这一结构中,前一句含有否定别人的某种想法或估计的意思,后一句说出与别人的想法、估计完全相反或出乎别人预料的实际情况。

This sentence consists of two parts: the first is a rhetorical sentence used to deny other's thoughts, the second expresses the reality that may be out of the expectation of others.

例:

(1) 甲:终于收到儿子的信啦,高兴吧?

　　乙:高兴什么,我哭还来不及呢。

　　甲:怎么了?

　　乙:又是要钱的。

(2) 甲:怎么样,这次换的房间你该满意了吧?

　　乙:满意? 我生气还来不及呢!

4. ……**下来**:用在动词后做补语。有"向下"、"脱离"、"完成"等意思。

downward It is used as a complement after a verb, with the meaning of **downward**, **be off** and **finish up**.

例:

(1) 甲:屋里热,把大衣脱下来吧,我来挂。

　　乙:谢谢。

(2) 甲:你们的旅行计划怎么样了?

　　乙:已经定下来了。

(3) 甲:这么难的课文他都念下来了。

　　乙:真不简单。

 (二)表达法

询问或者说明打算、计划 the ways to show one's plan or scheme

你(你们)有什么打算(计划、安排)?

你(你们)打算做什么(什么时候做)?

你(你们)计划怎么做这件事(过这个节日)?

这两天你有什么安排?

这件事你是怎么安排的?

我(我们)打算(计划)……

我们的打算(计划)是……

我(我们)是这样安排的:……

四、练习

（一）根据课文回答问题：

1. 大伟暑假有什么打算？
2. 张勇暑假做什么？他要去多长时间？
3. 小丽暑假去哪儿？
4. 张雨一家看的是什么电视节目？
5. 张母为什么说现在的年轻人幸运？
6. 张雨打算什么时候结婚？
7. 张雨的父母赞成还是反对张雨的婚事？
8. 张雨对自己的婚事有什么想法？
9. 张雨结婚以后还住在父母家吗？
10. 张雨打算跟李放的父母住在一起吗？为什么？
11. 张雨买房以后还有什么打算？
12. 张雨他们买房需要父母们的帮助吗？为什么？
13. 张雨想买哪儿的房子？为什么？

（二）根据课文内容完成对话：

1. A: _____？
   B: 我打算去南方旅行。
2. A: 张勇，你暑假有什么计划？
   B: _____。
   A: 小丽，你也一起去吗？
   C: _____。
3. A: 小雨，你们准备什么时候结婚？
   B: _____。
   A: 结婚是件大事，你们有没有个计划？
   B: _____。
   A: 这个想法不错。
4. A: 小雨，结婚以后你们住哪儿？
   B: _____。
   A: 小李的父母不是希望你们跟他们住在一起吗？
   B: _____。
5. A: 你们买房的钱够不够？用不用家里帮助？

B：_____。

A：_____？

B：我们已经看过几处了。有一处离两家都不太远，房子也不错，我们决
　　定买下来。

6. A：小雨，爸、妈希望你们有空儿常回家看看。

　　B：_____。

（三）根据所给词语完成对话：

1. A：假期有什么打算？

　　B：_____。（报名）

2. A：我打算参加婚庆公司举办的"空中婚礼"。

　　B：你是在哪儿看到这个广告的？

　　A：_____。（登）

3. A：_____？（选择）

　　B：当然是红色了，穿在身上，别人一看就知道是新娘。

4. A：什么时候喝你的喜酒呀？

　　B：喝什么喜酒？我父母根本不同意我们的婚事。

　　A：_____。（干涉）

5. A：_____？（支持）

　　B：除了女儿，别人都没意见。

6. A：我发现你最近特别节省，连电影都不看了。

　　B：_____。（攒）

7. A：你假期是怎么安排的？

　　B：_____。（原来）

8. A：妈，您别生气，我报名参加了大学生环境保护考察（observe and study）
　　团，今年春节又不能在家陪您了。

　　B：_____。（……还来不及呢）

（四）熟读下列对话并且说明对话者可能是什么人，对话可能是在哪儿、在什么
情况下说的：

1. A：暑假快到了，你们有什么打算没有？

　　B：我打算去南方旅行。

　　C：我准备报名参加国际旅行社组织的"欧洲八国游"。

　　D：我想趁暑假学开车，驾校都找好了。

134

2. A：喂，小丽吗？ 我是王兰。告诉你我下个月要结婚了。

　　B：是吗？ 恭喜你。你们打算怎么办？

　　A：我们想参加集体婚礼，然后去度蜜月。

　　B：你们打算去哪儿度蜜月？

　　A：澳大利亚。

3. A：玛丽，这儿有你一封信。

　　B：谢谢。(看信)夏子，我父母要来北京了。

　　A：是吗？ 是特意来看你的吧？

　　B：不是，是来北京开会的。

　　A：那你就不用回国了。

　　B：是，他们开完会，我打算陪他们去上海旅行。

　　A：那你还可以给他们当翻译。

4. A：张经理，您今天的安排是这样的：上午参加一个外商洽谈会(a business negotiation)，下午跟长城贸易公司的代表签订合同，晚上……

　　B：对不起，李小姐，请把晚上的安排取消。今天是我女儿的生日，我得早点儿回家。

　　A：好的。

（五）根据下面的情景做对话练习：

　　1. 你跟同学谈假期的打算。

　　2. 你跟同学谈毕业后的打算。

　　3. 你的好朋友来北京旅游，你帮他/她安排一周的活动。（去哪些名胜古迹，去哪儿吃饭，看什么展览等等）

第二十课 一路平安

1. 希望以后常联系

一年的学习很快就要结束了。毕业前,大家互相留下地址,也留下了对朋友的祝福。

约翰:大伟,给我留个地址好吗? 希望以后能常常联系。

大伟:你也给我写一个吧。

　　　(互相写地址)

约翰:你联系的那几份工作,都有回音了吗?

大伟:没有。昨天我又联系了一家香港公司,但愿这个能成。你呢? 走还是不走?

约翰:不走了。我想留下来再学一年。

大伟:那玛丽呢?

约翰:她呀,行李都准备好了,恨不得马上飞回国去。

大伟:那你们俩……

约翰:什么? 你是说我们俩分开了怎么办? 嗨,那还不容易,天天发 E-mail 呗。

大伟:真心地祝愿你们俩天长地久。

约翰:谢谢你。也希望你早日实现理想,当上大老板。

2. 谢谢你这一年的帮助

大伟要回国了,张勇去给他送行。

张勇:怎么样,东西都准备好了没有?

大伟:差不多了。一共两个箱子,一个背包。

张勇:想想还有什么事儿吗?

大伟:一时想不起来了。这两天事儿太多,脑子有点儿乱。

136

张勇：几点的飞机？我们是不是该出发了？

大伟：我们等约翰来了就走,他非送我不可。要我说,你们都挺忙的,我行李又不多,就别送了。

张勇：那怎么行？

大伟：只是这么麻烦你们,太不好意思了。

张勇：有什么麻烦的。这一年我也没少麻烦你。

大伟：别这样说,这一年你没少帮助我,我还没谢你呢。

张勇：我也要谢谢你这一年的帮助。

　　　（约翰进来）

约翰：你们俩干吗呢？谢来谢去的。

大伟：我俩等你呢！

约翰：那就走吧,车在楼下等着呢。

3. 一路平安

　　国际机场。

大伟：托运行李和出关手续,都在里边办吗？

张勇：都在里边。

大伟：麻烦吗？

张勇：不会太麻烦的。

约翰：大伟,你的 CA983 航班开始登机了。

大伟：那我该进去了。谢谢你们俩今天来送我。

约翰：不用谢。多多保重。

大伟：(对张勇)对了,这两天太忙,也没时间去向你父母告别。

张勇：我转告他们吧。回去以后,代我们全家向你父母问好。

大伟：也代我问你父母好。

张勇：好的。但愿咱们还能有机会再见面。

大伟：一定会的。你们都回去吧。

张勇：别忘了跟我们联系。

大伟：放心吧,忘不了。

张勇：再见了,一路平安。

大伟：再见。

约翰：再见。

二、生词

1. 平安	（形）	píng'ān	safe and sound
2. 祝福	（名）	zhùfú	blessing
3. 联系	（动）	liánxì	contact
4. 回音	（名）	huíyīn	reply
5. 但愿	（动）	dànyuàn	only wish...
6. 行李	（名）	xíngli	baggage
7. 恨不得	（动）	hènbude	one wishes one could...
8. 天长地久		tiān cháng dì jiǔ	everlasting
9. 实现	（动）	shíxiàn	come true
10. 送行	（动）	sòngxíng	see sb. off
11. 一时	（副）	yìshí	temporarily
12. 脑子	（名）	nǎozi	mind
13. 乱	（形）	luàn	confusion
14. 托运	（动）	tuōyùn	consign
15. 出关		chū guān	go through customs
16. 手续	（名）	shǒuxù	procedure
17. 航班	（名）	hángbān	scheduled flight
18. 登	（动）	dēng	board
19. 保重	（动）	bǎozhòng	take care of oneself
20. 转告	（动）	zhuǎngào	pass on
21. 告别		gào bié	to say good-bye

三、用法说明

（一）词语用法

1. **恨不得**：表示急切地盼望做成某事（实际做不到的事）。带有夸张的语气。必须带动词宾语，在"恨不得"和动词宾语之间常有"马上"、"立刻"、"一下子"等词。

   itch for. The common usage is "恨不得" + "马上"、"立刻"、"一下子" + verb. It is often used to express someone's strong desire to finish sth.

   例：

   （1）甲：听说你要回国了。

乙：是啊，都三年了，恨不得马上飞回去。

（2）甲：比比吧，那两处房子，哪个更好？

乙：都很好，我恨不得全买下来。

2. **一时**：副词，有时间短，或临时、偶然的意思。

（adverb.）**temporarily** or **accidentally**.

例：

（1）甲：遇事多想想，别一时糊涂，做错了事。

乙：知道了。

（2）甲：这个人你见过吗？

乙：见是见过，可一时想不起来在哪儿见的。

3. **要我说**：用做插入语，下文说出自己的主张或见解。

A parenthesis used to introduce the speaker's opinion.

例：

（1）甲：不知道你怎么想，要我说，贷款买房挺好的。

乙：我可不这么看。

（2）甲：我想今天去完故宫再去长城。

乙：要我说，这两个地方别同一天去，一是太累，二是恐怕时间也不够。

4. **想来想去**："动词$_1$＋来＋动词$_2$＋去"表示动作的多次重复，当这种重复是为某一目的而进行时，后面得有说明结果如何的句子。

This structure expresses a repeated action. The common usage is "verb$_1$ + 来 + verb$_2$ + 去" and it is often followed by the sentence that indicates the result.

例：

（1）甲：你看，孩子们跑来跑去的，个个都满头大汗。

乙：小孩子不知道累。

（2）甲：那本书我想来想去也想不起来放哪儿了。

乙：嗨，你不是借给山本了吗！

 （二）表达法

1. 表达希望与期望 the ways to express one's wish and expectation

很（真、非常）希望……。

但愿……。

但愿如此。

恨不得……。

能……就好了。

要是……该多好啊！

2. 告别 the ways to say good-bye

我该走了。

时间不早了,我先走了。

给你添麻烦了,真不好意思。

谢谢你(你们)的招待,我得回去了。

欢迎你(你们)以后去我家做客。

我要回国了,特意来向你(你们)告别。

请代我向……问好。

四、练习

(一) 根据课文回答问题:

1. 毕业前同学们都在忙什么?

2. 大伟毕业以后有什么打算?

3. 大伟昨天联系的是哪家公司?

4. 约翰回不回国? 为什么?

5. 玛丽还打算继续留在这儿吗?

6. 约翰和玛丽以后怎么联系?

7. 大伟的理想是什么?

8. 大伟都有什么行李?

9. 谁去机场送大伟?

10. 在机场要先办什么手续? 然后呢?

11. 大伟坐的是哪个航班的飞机?

12. 张勇是怎样跟大伟告别的?

(二) 根据课文内容完成对话:

1. A:_____。

   B:你也给我写一个吧。

2. A:_____?

   B:还没有。昨天我又联系了一家公司,但愿这个能成。

3. A:约翰,你哪天走? 我去机场送你。

   B:_____。

4. A:玛丽回不回国?

   B:_____。

5. A:祝你早日完成学业。

140

B: _____。

6. A: _____?

B: 差不多了。一共两个箱子,一个背包。

A: _____?

B: 我们等约翰来了就走,他非送我不可。

(在国际机场)

7. A: _____?

B: 是,在那儿。

A: _____?

B: 都在里边。

8. A: _____。

B: 我该进去了,谢谢你来送我。

A: _____。

(三)根据所给词语完成对话:

1. A: _____?(联系)

B: 打电话或者发 E - mail。

2. A: 你毕业以后打算做什么? 找工作了没有?

B: _____。(联系)

3. A: 小明,你的信。是不是大学录取通知书? 快看看考上哪儿了?

B: _____。(但愿)

A: 要是能考上北大就太好了。

4. A: 你来北京快一年了,想不想家呀?

B: _____。(恨不得)

A: 回国以后打算做什么?

B: _____。(但愿)

5. A: 你的理想是什么?

B: 当一名旅行家,走遍全世界。

A: _____。(实现)

6. A: 刚才跟你打招呼的那个人叫什么名字?

B: _____。(一时)

7. A: 我得走了,再晚就赶不上飞机了。

B: 我不去机场送你了,_____。(保重)

（四）熟读下列对话并且说明对话者可能是什么人，对话可能是在哪儿、在什么
　　情况下说的：

　1. A：时间过得真快，转眼就一年了。

　　　B：可不是，你们马上就要回国了，真舍不得你们走。

　　　A：我们还会回来的。我希望公司明年派我到驻北京办事处工作。

　　　B：那我们又有机会见面了。

　2. A：约翰，毕业以后有什么打算？

　　　B：还没想好呢。我希望能马上找到一份工作。

　　　A：你最好找一家中外合资的贸易公司，既用了你的专业又能练习说
　　　　汉语。

　　　B：我也这么想，但愿能找到。

　3. A：火车快开了，我该上车了。

　　　B：车票放好了没有？

　　　A：放好了。你们快回去吧。

　　　B：到学校后别忘了给家里打个电话。

　　　A：忘不了。

　4. A：大卫，你一共有几件行李？

　　　B：两件。这件大的托运，小的我随身带着。

　　　A：你的航班是不是 CA983？

　　　B：不是，是 CA583。我要进去办托运行李和出关手续了，你请回吧。

　　　A：好。祝你旅途愉快！一路平安！

　　　B：谢谢。再见！

（五）根据下面的情景做对话练习：

　1. 你去飞机场送朋友，跟朋友告别。

　2. 你回国前去中国朋友家跟他们告别。

　3. 你们马上就要毕业了，你跟班里的同学互相留地址，说一些祝福的话。

词汇总表

A

按摩	（名、动）	ànmó	11
暗	（形）	àn	11
熬通宵		áo tōngxiāo	7

B

白	（副）	bái	5
拜……为师		bài…wéishī	8
棒	（形）	bàng	1
棒球	（名）	bàngqiú	12
保护	（动）	bǎohù	19
保龄球	（名）	bǎolíngqiú	5
保重	（动）	bǎozhòng	20
报到		bào dào	1
报告	（名）	bàogào	4
报名		bào míng	19
报社	（名）	bàoshè	18
悲剧	（名）	bēijù	12
比划	（动）	bǐhua	10
毕竟	（副）	bìjìng	8
变卦		biàn guà	5
变质		biàn zhì	6
标准	（名、形）	biāozhǔn	4
病毒	（名）	bìngdú	15
不见不散		bú jiàn bú sàn	5
布置	（动）	bùzhì	4

C

| 才子 | （名） | cáizǐ | 1 |

插话		chā huà	2
馋	（形）	chán	12
长途	（名）	chángtú	2
尝	（动）	cháng	3
朝阳	（动）	cháoyáng	11
称呼	（动）	chēnghu	2
趁	（介）	chèn	2
吃得消		chī de xiāo	8
宠物	（名）	chǒngwù	12
出	（动）	chū	15
出差		chū chāi	3
出关		chū guān	20
出色	（形）	chūsè	13
出生	（动）	chūshēng	1
出主意		chū zhǔyi	4
吹	（动）	chuī	15
吹风		chuī fēng	11
吹牛		chuī niú	8
纯棉	（名）	chúnmián	10
凑热闹		còu rènao	7

D

答辩	（名）	dábiàn	4
打	（介）	dǎ	2
打工		dǎ gōng	18
打气儿		dǎ qìr	8
大便	（名）	dàbiàn	6
大四		dàsì	4
待遇	（名）	dàiyù	4
贷	（动）	dài	19
单	（形）	dān	11
单调	（形）	dāndiào	4
单身	（名）	dānshēn	17
但愿	（动）	dànyuàn	20
当	（动）	dàng	10

登	(动)	dēng	19
登	(动)	dēng	20
笛子	(名)	dízi	8
底片	(名)	dǐpiàn	11
地道	(形)	dìdao	5
典礼	(名)	diǎnlǐ	4
电话铃	(名)	diànhuàlíng	5
电讯	(名)	diànxùn	15
订票		dìng piào	9
东翻西找		dōng fān xī zhǎo	16
独身	(动)	dúshēn	17
独生子(女)	(名)	dúshēngzǐ(nǚ)	4
堵车		dǔ chē	5
端	(动)	duān	2
对象	(名)	duìxiàng	4
多亏	(副)	duōkuī	5
躲	(动)	duǒ	12

E

恶心	(形、动)	ěxin	6

F

发	(动)	fā	15
发表	(动)	fābiǎo	1
发愁		fā chóu	18
发牢骚		fā láosāo	16
发展	(动)	fāzhǎn	3
发型	(名)	fàxíng	11
翻	(动)	fān	16
反映	(动)	fǎnyìng	16
反正	(副)	fǎnzhèng	9
费劲		fèi jìn	8
风度	(名)	fēngdù	8
风筝	(名)	fēngzheng	13
奉承话	(名)	fèngchenghuà	15

富有	（形）	fùyǒu	17

G

改天	（副）	gǎitiān	5
干涉	（动）	gānshè	19
赶	（动）	gǎn	4
感动	（动）	gǎndòng	12
高峰时间		gāofēng shíjiān	9
高手	（名）	gāoshǒu	15
高血压	（名）	gāoxuèyā	14
告别		gào bié	20
工夫	（名）	gōngfu	7
公道	（形）	gōngdao	10
公平	（形）	gōngpíng	16
公益	（名）	gōngyì	14
够格		gòu gé	8
古典	（形）	gǔdiǎn	9
古朴	（形）	gǔpǔ	13
怪	（动）	guài	5
怪音怪调		guàiyīn guàidiào	5
观察	（动）	guānchá	13
管	（动）	guǎn	14
管理员	（名）	guǎnlǐyuán	16
光临	（动）	guānglín	11
光线	（名）	guāngxiàn	11
贵族	（名）	guìzú	17
过奖	（动）	guòjiǎng	13

H

汉堡包		hànbǎobāo	3
汗	（名）	hàn	16
航班	（名）	hángbān	20
好	（助动）	hǎo	13
好利索		hǎo lìsuo	2
好说话		hǎo shuōhuà	16

合影	（名）	héyǐng	11
	（动）	hé yǐng	11
合资	（动）	hézī	18
和气	（形）	héqi	13
贺礼	（名）	hèlǐ	18
狠心		hěn xīn	14
恨不得	（动）	hènbude	20
红茶		hóngchá	3
红娘	（名）	hóngniáng	19
后悔	（动）	hòuhuǐ	6
候诊处	（名）	hòuzhěnchù	6
护士	（名）	hùshi	6
糊涂	（形）	hútu	16
花茶	（名）	huāchá	3
化验	（动）	huàyàn	6
化验单	（名）	huàyàndān	6
话剧	（名）	huàjù	9
话题	（名）	huàtí	17
怀疑	（动）	huáiyí	8
环境	（名）	huánjìng	19
缓解	（动）	huǎnjiě	8
回音	（名）	huíyīn	20
婚礼	（名）	hūnlǐ	18
婚姻	（名）	hūnyīn	17
活动	（动）	huódòng	2

J

机会	（名）	jīhuì	3
机遇	（名）	jīyù	8
吉他	（名）	jítā	8
急性肠炎	（名）	jíxìng chángyán	6
急性子	（名）	jíxìngzi	13
急诊	（名）	jízhěn	6
集体	（动）	jítǐ	19
寂寞	（形）	jìmò	17

加班		jiā bān	7
夹	（动）	jiā	16
家乡	（名）	jiāxiāng	9
嫁	（动）	jià	14
坚强	（形）	jiānqiáng	12
剪	（动）	jiǎn	11
健身房	（名）	jiànshēnfáng	7
讲座	（名）	jiǎngzuò	9
交待	（动）	jiāodài	15
交流	（动）	jiāoliú	10
交情	（名）	jiāoqing	16
胶卷	（名）	jiāojuǎn	11
接着	（动）	jiēzhe	6
节省	（动）	jiéshěng	3
节食	（动）	jiéshí	14
节奏	（名）	jiézòu	3
戒	（动）	jiè	14
紧张	（形）	jǐnzhāng	2
精神	（名）	jīngshen	16
颈椎	（名）	jǐngzhuī	7
景观	（名）	jǐngguān	13
景泰蓝	（名）	jǐngtàilán	13
居然	（副）	jūrán	15
举行	（动）	jǔxíng	9
剧本	（名）	jùběn	9
剧烈	（形）	jùliè	7

K

开	（动）	kāi	18
开朗	（形）	kāilǎng	13
开玩笑		kāi wánxiào	18
砍	（动）	kǎn	10
砍价		kǎn jià	10
考察团	（名）	kǎochátuán	19
客户	（名）	kèhù	15

148

肯定	（副）	kěndìng	5
恐怕	（副）	kǒngpà	2
口味儿	（名）	kǒuwèir	3
口音	（名）	kǒuyīn	5
哭哭啼啼		kūkutítí	12
夸张	（形）	kuāzhāng	14
快餐	（名）	kuàicān	3
快门	（名）	kuàimén	11

L

落	（动）	là	9
辣	（形）	là	3
懒	（形）	lǎn	2
唠叨	（动）	láodao	16
老家	（名）	lǎojiā	19
乐观	（形）	lèguān	17
厉害	（形）	lìhai	15
利索	（形）	lìsuo	2
联系	（动）	liánxì	20
量	（动）	liáng	6
聊	（动）	liáo	1
临街	（动）	línjiē	11
流感	（名）	liúgǎn	6
留	（动）	liú	18
龙井茶		lóngjǐngchá	3
露出		lùchū	11
鲁菜		lǔcài	3
绿茶		lǜchá	3
乱	（形）	luàn	20
论文	（名）	lùnwén	4

M

麻	（形）	má	3
埋怨	（动）	mányuàn	17
漫步	（动）	mànbù	7

实现	（动）	shíxiàn	20
实在	（副）	shízài	9
食欲	（名）	shíyù	6
事业	（名）	shìyè	19
适合	（动）	shìhé	7
适应性	（名）	shìyìngxìng	2
手续	（名）	shǒuxù	20
手镯	（名）	shǒuzhuó	13
受不了		shòu bu liǎo	3
输	（动）	shū	12
熟	（形）	shú	1
摔	（动）	shuāi	2
帅	（形）	shuài	15
双面绣	（名）	shuāngmiànxiù	13
睡眠	（名）	shuìmián	6
丝绸	（名）	sīchóu	13
四川菜（川菜）		Sìchuāncài（chuāncài）	3
送行	（动）	sòngxíng	20
俗话	（名）	súhuà	17
算	（动）	suàn	18
随地	（副）	suídì	12
随手	（副）	suíshǒu	16

T

台	（名）	tái	19
摊主	（名）	tānzhǔ	10
痰	（名）	tán	6
弹性	（名）	tánxìng	10
唐三彩	（名）	tángsāncǎi	13
讨价还价		tǎo jià huán jià	10
特产	（名）	tèchǎn	3
特色菜		tèsècài	3
特意	（副）	tèyì	4
T恤	（名）	tī-xù	10
提	（动）	tí	16

提升	（动）	tíshēng	16
提议	（动）	tíyì	5
天长地久		tiān cháng dì jiǔ	20
添	（动）	tiān	9
填空		tián kòng	15
挑战	（名、动）	tiǎozhàn	8
挑战性	（名）	tiǎozhànxìng	4
铁打的		tiědǎde	12
通	（名）	tōng	15
通宵	（名）	tōngxiāo	7
推荐	（动）	tuījiàn	8
退房		tuì fáng	11
托运	（动）	tuōyùn	20

W

袜子	（名）	wàzi	10
为难	（形）	wéinán	4
卧室	（名）	wòshì	11
乌龙茶		wūlóngchá	3
无精打采		wú jīng dǎ cǎi	16
五颜六色		wǔyán liùsè	10
武术	（名）	wǔshù	12
武侠小说		wǔxiá xiǎoshuō	12

X

西式	（名）	xīshì	3
吸引	（动）	xīyǐn	1
瞎说	（动）	xiāshuō	17
闲工夫	（名）	xiángōngfu	7
嫌	（动）	xián	12
相册	（名）	xiàngcè	11
相当	（副）	xiāngdāng	18
相逢	（动）	xiāngféng	18
项链	（名）	xiàngliàn	13
项目	（名）	xiàngmù	7

消息	（名）	xiāoxi	18
小贩	（名）	xiǎofàn	10
小区	（名）	xiǎoqū	7
孝敬	（动）	xiàojìng	19
校刊	（名）	xiàokān	1
心情	（名）	xīnqíng	16
心脏病	（名）	xīnzàngbìng	14
辛苦	（形）	xīnkǔ	17
新生	（名）	xīnshēng	1
兴冲冲	（形）	xìngchōngchōng	9
行李	（名）	xíngli	20
形式	（名）	xíngshì	19
型	（名）	xíng	11
幸福	（名）	xìngfú	18
幸运	（形）	xìngyùn	19
凶	（形）	xiōng	12
学生会	（名）	xuéshēnghuì	1
训练	（动）	xùnliàn	7

Y

烟筒	（名）	yāntong	14
烟雾	（名）	yānwù	14
研究生	（名）	yánjiūshēng	12
眼泪	（名）	yǎnlèi	12
演讲	（名）	yǎnjiǎng	8
演奏家	（名）	yǎnzòujiā	8
腰部	（名）	yāobù	7
邀请	（动）	yāoqǐng	2
一辈子	（名）	yíbèizi	17
一时	（副）	yìshí	20
一向	（副）	yíxiàng	15
以往	（名）	yǐwǎng	6
意外	（形）	yìwài	15
瘾	（名）	yǐn	14
应酬	（名）	yìngchou	17

樱花	（名）	yīnghuā	4
营养	（名）	yíngyǎng	3
优惠	（名）	yōuhuì	11
尤其	（副）	yóuqí	9
有效	（形）	yǒuxiào	14
预料	（动）	yùliào	15
浴室	（名）	yùshì	11
寓意	（名）	yùyì	13
约	（动）	yuē	2
粤菜		yuècài	3
乐理	（名）	yuèlǐ	8

Z

砸	（动）	zá	8
攒	（动）	zǎn	19
造型	（名）	zàoxíng	13
占	（动）	zhàn	7
招	（名）	zhāo	7
照样	（副）	zhàoyàng	16
这会儿	（名）	zhèhuìr	9
珍惜	（动）	zhēnxī	14
真丝	（名）	zhēnsī	10
征婚		zhēng hūn	19
挣	（动）	zhèng	17
支持	（动）	zhīchí	19
直爽	（形）	zhíshuǎng	13
值班		zhí bān	14
职务	（名）	zhíwù	16
植树		zhí shù	19
指望	（动、名）	zhǐwàng	15
质量	（名）	zhìliàng	10
中秋节	（名）	Zhōngqiū Jié	1
种	（动）	zhòng	19
周到	（形）	zhōudào	13
周末	（名）	zhōumò	5

周年	（名）	zhōunián	18
祝福	（名）	zhùfú	20
专家	（名）	zhuānjiā	6
专业	（名、形）	zhuānyè	4
转	（动）	zhuǎn	18
转告	（动）	zhuǎngào	20
装	（动）	zhuāng	14
追	（动）	zhuī	1
自觉	（形）	zìjué	16
综合	（动）	zōnghé	15
组织	（动）	zǔzhī	1
做客		zuò kè	2

专　名

宫爆鸡丁	Gōngbào Jīdīng	3
怪味鸡	Guàiwèijī	3
肯德基	Kěndéjī	3
洛杉矶	Luòshānjī	1
麻婆豆腐	Mápó Dòufu	3
麦当劳	Màidāngláo	3
纽约	Niǔyuē	1
纽约爱乐乐团	Niǔyuē Àiyuè Yuètuán	9
上海	Shànghǎi	18
深圳	Shēnzhèn	18
新疆	Xīnjiāng	19
秀水街	Xiùshuǐ Jiē	10
鱼香肉丝	Yúxiāng Ròusī	3